GÜTERSLOHER
VERLAGSHAUS

Christian Hennecke

KONFESSION: katholisch

Eine Liebeserklärung

Gütersloher Verlagshaus

INHALT

KAPITEL II

EINLEITUNG

Katholisch oder evangelisch? Das ist keine Alternative für uns Katholiken. Es geht gar nicht (mehr) um Konkurrenz, es geht nicht um kontroverse Profilierung. Jenseits komplexer theologischer Fragen geht es heute um das gemeinsame Zeugnis und zugleich um die Wertschätzung der jeweiligen Tradition mit ihrem Reichtum an unterschiedlichen Weisen der Frömmigkeit, der gottesdienstlichen Feiern, der Lebenspraxis. Denn in einer Welt, die – mindestens in Europa – nicht mehr volkskirchlich geprägt ist, geht es eben darum, das Evangelium gemeinsam zu bezeugen, gemeinsam Christus ins Licht zu rücken und so Menschen Orientierung zu geben, die in einer Zeit der Umbrüche wie zu allen Zeiten nach Sinn suchen – sich aber vielleicht gar nicht mehr an eine Kirche binden.

Christsein gibt es nicht abstrakt. Wer über das akademische und intellektuelle Interesse hinaus sich für den Gott der Christen interessiert, der stößt dabei immer zuerst auf Menschen, auf Zeugen, auf Gemeinschaften. Und die haben immer ein konkretes Gesicht, eine konkrete Geschichte, eine besondere Erfahrung. Und wenn man sich hineinfindet in diese Gemeinschaft, in diesen Weg, dann wird in dieser besonderen und speziellen Erfahrung das ganze Evangelium lebendig. Und deswegen geht es doch um ein besonderes Profil. Katholisch ist anders als evangelisch ist anders als orthodox und freikirchlich. Wie keine Familie der anderen gleicht, so ist es auch mit den Konfessionen: Man trifft auf Geschichten, auf Traditionen und Gebräuche – manches ist ungewohnt neu, manches rätselhaft, geheimnisvoll oder merkwürdig. Und doch, wer sich tiefer damit beschäftigt, entdeckt dann auch den zuerst verborgenen Sinn – und trifft auf das Evangelium, auf Christus, um den es eigentlich immer geht.

Und wenn es sich dann auch noch um lebendige, bunte, erfahrungsreiche Gemeinschaften handelt, dann wird hier erlebbar, dass Christus heute lebendig ist, dass Sein Geist wirkt, dass Er mit uns Menschen auf Wegen des Heils ist – trotz Krieg und Terrorismus überall.

Ich bin katholisch, und ich kann es mir nicht anders vorstellen. Ich liebe den katholischen Weg – trotz allen Versagens in der Geschichte. Na klar, ich bin von Kindheit an durch diese »Version« christlichen Lebens geprägt – und das verdanke ich meinen Eltern. Aber das reicht ja nicht. Irgendwann musste und durfte ich selbst entdecken, was mir vorher vorgelebt wurde. Und ich entdeckte immer mehr den Reichtum meiner Tradition, der spezifischen Gebräuche und katholischen »Spezialitäten«. Genau daran möchte ich Anteil geben. Ich möchte theologisch und praktisch beschreiben, wie »katholisch« ist und geht. Natürlich aus der Sicht eines Liebhabers – aber wie jeder Liebhaber möchte ich begeistert erzählen. Als Liebhaber möchte ich aber auch versuchen, verständlich zu machen, was mich begeistert.
Seit mehr als 30 Jahren entdecke ich meinen katholischen Glauben immer wieder neu. Und mir wird deutlich, dass die verschiedenen katholischen Traditionen wie Facetten eines Diamanten sind, durch die ich Christus gefunden habe und immer wieder neu finde. Das möchte ich erzählen und reflektieren. Aber je mehr ich meinen Glauben entdeckte und schätzte, meine Kirche neu verstehen lernte und in allem Versagen liebe und ihre Kraft und Stärke entdeckt habe, desto mehr habe ich auch den Reichtum anderer Konfessionen entdeckt. In jeder Konfession, in jeder Kirche habe ich dann, wenn es um die Wurzeln der Glaubensüberzeugungen ging, eine tiefe Nähe und Verbundenheit erlebt. Und das war wechselseitig: Meine evangelischen Brüder und Schwestern bereichern mich auf dem gemeinsamen Weg, wie es auch Methodisten, Freikirchler und Pfingstler tun. Freundschaft ist entstanden – Geschwisterlichkeit in Christus.

Auch für sie ist dieses Buch. Denn ich möchte ja nicht erzählen, warum Katholiken richtig – und sie falschliegen – nein: Ich möchte von Traditionen des Evangeliums erzählen, die sie auch bereichern können, so wie ich von ihnen bereichert worden bin.

Deswegen habe ich diese Überlegungen ganz katholisch angelegt. Katholisch sein, das hängt mit Papst, Messe und Maria zusammen. Da spielen Gerüche und Farben eine wichtige Rolle, und natürlich die Hierarchie. Da spielen Heilige einen wichtigen Part. Da muss von Ablass und Beichte die Rede sein, und da muss auch von einer langen Lerngeschichte berichtet werden, vom Scheitern und der Erkenntnis.

Alles ist im Wandel. Auch meine Kirche. Verwunderlich ist das nicht. In jeder Generation muss ja das Evangelium neu verkündet werden – und dann ändert sich auch die Kirche. Katholisch gesprochen: *ecclesia semper reformanda*. Die Kirche ist in einem ständigen Verpuppungsprozess. Das würde man vielleicht nicht von uns Katholen denken. Oft denkt man ja, dass die katholische Kirche sich gar nicht bewegt. Dass alles konservativ an der Zeit vorbei geht. Aber vielleicht stimmt das gar nicht so? Vielleicht sind andere viel hierarchischer und vergangenheitsverliebter? Natürlich gibt es einen spezifischen katholischen Modus, Veränderung zu erleben und zu denken. Vielleicht kann auch dieser Versuch einer Liebeserklärung diesen katholischen Weg in ein neues Licht rücken.

Ich würde mich freuen, wenn viele Leserinnen und Leser mit Offenheit und kritischer Solidarität meinen Versuch begleiten.

Christian Hennecke
Hildesheim, im Herbst 2016

KAPITEL I

Biblische Ouvertüren

I – GRUNDLINIEN DER GESCHICHTE GOTTES MIT SEINEM VOLK

Katholisch sein gründet in der Schrift und in der Erkenntnisgeschichte, die durch die Jahrhunderte daraus wächst. Natürlich ist – wie bei allen christlichen Konfessionen – die richtunggebende Orientierung unseres Glaubens die Geschichte Gottes mit den Menschen, wie sie im Alten Testament beschrieben wird und dann – mit dem Kommen Jesu Christi – zu ihrer Fülle kommt.

Und wenn ich also meinen katholischen Glauben erklären und entfalten möchte, dann tue ich das als Liebhaber der Heiligen Schrift. Deswegen möchte ich am Anfang dieses Buches einige Linien und Anknüpfungen wagen. Es sind ganz bestimmt nicht alle – aber eine Auswahl von Akzenten, die für das Werden meines katholischen Glaubens zentral und bedeutsam sind.

Andere Konfessionen würden vielleicht andere Schwerpunkte setzen und sich anders eingründen in die Schrift – dieselbe Heilige Schrift. Das ist ja das Spannende, dass hier eine Vielfalt ans Licht kommt, die dazu führt, dass das Lernen voneinander immer wichtiger wird. Aus jeder Schwerpunktsetzung wächst ja eine bestimmte Erfahrung, es wachsen neue Einsichten und eine neue kirchliche Kultur – in jeder Generation führt sich das weiter fort. Und in jeder Generation rücken auch auf neue Weise uralte Geschichten ins Licht – werden gegenwärtig und prägen den weiteren Weg des Glaubens

Wenn ich also hier einige biblische Grundlinien wähle, dann deswegen, weil sich hier Horizonte auftun, die später deutlich machen können, wie und warum sich die katholische Tradition so entwickelt hat. Faszinierend bleibt für mich, dass die Heilige Schrift hier wirklich die unhintergehbare Grundurkunde meines Glaubens ist – und gleichzeitig immer topaktuell bestimmte Erfahrungen der Gegenwart beleuchtet und deutet.

Die Botschaft der Bibel lesen lernen

Eine erste katholische Vorbemerkung

Eine kleine katholische Vorbemerkung braucht es aber doch. Es geht hier nicht um eine fachwissenschaftliche Betrachtung der Heiligen Schrift – es geht um mehr: Die Bibel ist nicht zuerst ein Objekt der wissenschaftlichen Forschung, sie ist vor allem ein Lebensbuch. Sie bezeugt Erfahrungen, die Menschen mit dem lebendigen Gott, mit Jahweh, mit Jesus Christus, gemacht haben, und schaut mit einem solchen erfahrungsgeprägten Herzen wach auf die Welt, auf die Geschichte.

Und im gemeinsamen Lesen und Wiederlesen dieser Geschichte, im Hören und Wiederhören dieser Zeugnisse spielen sich neue Erfahrungen zu, und hört das Volk Gottes neu die Stimme dieses Gottes selbst.

Das ist etwas anderes als biblische Exegese, denn die versucht ja mit allen Mitteln der Wissenschaft zu ergründen, wer wohl diesen Text geschrieben hat, was ihn auszeichnet, welche Botschaften und Theologien er hat. Das ist zweifellos ein wichtiges Unternehmen, das hohe wissenschaftliche Kompetenz braucht. Aber dann wären wir mittendrin in wissenschaftlichen Disputen, die uns hier nur begrenzt weiterführen können. Es geht aber auch nicht um Fundamentalismus. Auch hier ist der Text der Ausgangspunkt: Er wird wortwörtlich genommen – und das soll dann die Botschaft sein. Und im Zweifelsfall ist dann die Erde in sieben Tagen geschaffen worden. Aber das ist nicht mein Weg, nicht der »katholische« Weg.

Hier wollen wir aufmerksam in die Botschaft des Textes hineinhören, mit den vielen anderen, die schon hineingehört haben – mit der Kirche also, jener »Bewegung«, die – so denke ich – Gott selbst angezettelt hat und immer weiterführt: Er möchte alle Menschen sammeln in einer Gemeinschaft der Liebe, die niemanden ausschließt, die jede Religion und Lebenswirklichkeit zu ihrer Vollendung führt und die »die Fülle des Lebens« für jeden und jede ermöglicht. Das – so würde ich sagen – ist eine »katholische« Lesart des Textes. Es geht im Hören auf die Heilige Schrift immer darum, die Erfahrungen mit Gott und das Nachdenken und Nachspüren dieser Erfahrungen für das eigene Leben, für das Leben der Gemeinschaft fruchtbar zu machen. Wir sind dabei nicht die Ersten und nicht die Letzten, und natürlich ist unser Erkennen und Entdecken nur partiell. Aber das macht ja die Kirche aus (in allen verschiedenen Kirchengestalten): Sie ist eine Lerngemeinschaft im gemeinsamen Hören und Nachdenken, unterstützt vom Forschen kompetenter Experten. Und so kann ich dann auch immer mehr verstehen, worum es in der Geschichte Gottes mit den Menschen geht, wie sie die Bibel durch alle Wirrungen und Irrungen (das ist ja immer die Menschheitsgeschichte) verstehen hilft. Es wird klar: Wir haben es zu tun mit einer Heilsgeschichte: Es geht immer nur und immer wieder darum, dass wir Menschen für uns selbst und miteinander leben können, im großen von Gott geschenkten Frieden ... Aber dazu gleich.

1. Genesis

Das Nachdenken über das Werden dieser Welt und der Geschichte

In vielen evangelischen Kirchen heißt das erste Buch der Heiligen Schrift »Erstes Buch Moses« und gibt gewissermaßen den Autor an, den man hier vermutet hat (wenigstens zu einer bestimmten Zeit). In der katholischen Version heißt dieses Buch »Genesis« und will also ein Thema angeben: die Anfänge, das Werden, der Ursprung. Und das gefällt mir ganz gut. Denn gerade die Schöpfungsgeschichten, die in diesem Buch beschrieben werden, aber auch die Geschichten von Kain und Abel, die Arche Noah, der Turmbau zu Babel und schließlich auch der Weg des Abraham – sie alle beschreiben ja die »Fundamente« einer Geschichte Gottes mit den Menschen, gewissermaßen ihren »genetischen Code«. Denn es stimmt ja: Will man die Gegenwart verstehen, muss man den Anfang der jeweiligen Geschichte verstehen, und der reicht meist weit zurück – so weit, dass man dem historisch kaum nachkommen kann.

So sind diese Geschichten, die man unter vielen Gesichtspunkten reflektieren kann, zunächst einmal Geschichten über den Anfang. Aber nicht einfach nur gut erfundene Geschichten, sondern sie wollen die Erfahrungen des Volkes Gottes, der Sammlungsbewegung Gottes, reflektieren und den Glauben dieses Volkes zum Ausdruck bringen. Und wenn dann irgendwann in dieser Geschichte Gläubige versuchten, dem »richtunggebenden Code« der Schöpfung auf die Spur zu kommen, dann taten sie dies in diesen großartigen Geschichten der Schöpfung. Sie erzählten einen Anfang, der weitergilt, der in ihrem Leben spürbar war, der wie ein Wasserzeichen alles durchzieht. Es ist der Versuch, die »Logik«, die Grundstruktur des Gefüges zu entdecken.

Logik ist da übrigens ein gutes Wortspiel. Denn die Schrift beginnt ja damit, dass Gott aus dem Chaos den Kosmos schafft – durch sein Wort. Hier taucht ein erstes Mal diese merkwürdige Erfahrung mit dem göttlichen Sprechen auf. Wenn er spricht, dann geschieht etwas. Und das »Wort«, das er spricht, schafft Wirklichkeit. Später wird dann – im Neuen Testament – von Jesus Christus gesagt, dass er der »Logos« selbst in Person, das lebendige »Wort« Gottes ist.

Was sagt das über die Schöpfung, so wie wir sie verstehen? Ich erinnere mich an einen beeindruckenden Besuch im Field-Museum von Chicago, und der großartigen Ausstellung über die Evolution, die ich besuchen konnte. Eine spannende Geschichte voller Katastrophen und Neuaufbrüchen und Entwicklungen, die Jahrmillionen dauerten. Unglaublich wirkt dies alles – und vor allem diese Wiederholung von Aufbrüchen, Hochzeiten und Abbrüchen. Und all das scheint in einer Weise chaotisch und zufällig zu sein, dass es wie ein skurriles Wunder wirkt, wenn sich an einem bestimmten Punkt der Geschichte die Säugetiere durchsetzen konnten. Und noch merkwürdiger mutet es an, wenn dann – nach langer Zeit – Primaten zu ihrem Bewusstsein gelangen, was in archäologisch bezeugten Beerdigungsriten zum Ausdruck kommt.

Der Mensch, ein Zufall? Die Evolution, ein chaotischer Entwicklungsprozess, in dessen unabschließbarem Verlauf auch der Mensch eine vorübergehende Episode ist? Natürlich wussten die Autoren der »Genesis« nichts von all dem, und doch lebten sie in den Wirren der Natur und der Geschichte genauso wie wir. Das Ganze schien und scheint völlig undurchschaubar.

Aber die Schöpfungsgeschichte, die sie in Worte fassten, hat schon in den ersten Sätzen eine klare Botschaft: Das alles ist kein chaotischer Prozess, sondern bewusstes Handeln eines Gottes, der die Welt und alles in ihr geschaffen hat und in eine Ordnung bringt, die voller Leben ist. Und er erschafft mit seinem Wort – in seiner ihm eigenen Logik – auch den Menschen.

Dieser Mensch ist von vornherein als Wesen in Beziehung geschaffen, als Mann und Frau – und nur gemeinsam und in Beziehung sind sie Gottes Abbild. Gleich auf dieser ersten Seite der Schrift, in der Schöpfungsgeschichte, finden sich also eine Fülle von wichtigen Grunderfahrungen und Grundüberzeugungen, die noch einmal genauer in Augenschein zu nehmen sind:

Gott spricht: Gott ist keine stumme und neutrale Macht, ein »Etwas«, sondern eine personale Wirklichkeit, die sich in Beziehung setzt. Gott ist kreativ, er will das Leben – das Ziel seines Handelns ist nicht der Tod, sondern eine Vielfalt lebendiger Wesen. Und Gottes Sprechen ist machtvoll: Denn wenn er spricht, dann geschieht auch, was er sagt.

Gott will das Leben und schafft gutes Leben: Gott schaut auf das, was er mit seinem Wort erschaffen hat – und alles war sehr gut. So wiederholt der Schöpfungsbericht immer wieder. Das war den Autoren wichtig, denn es war auch ihre Erfahrung mit dem lebendigen Gott. Inmitten des Chaos der Geschichte, inmitten von Terror und Kriegen, Verrat und menschlicher Schwäche, inmitten schrecklicher Naturkatastrophen wurde immer wieder deutlich: Es liegt nicht an Gott. Er ist der Gute, der Gutes schafft. Der »Code« der Schöpfung und der »Code« des Menschen sind gewachsen aus Gottes Güte, tragen diese Güte in sich. Und wenn dann in der Schöpfungsgeschichte Gott den Menschen den Auftrag gibt, die Erde zu behüten, dann geht es um nichts anderes als darum, diese Güte weiterzutragen – sie einzuprägen in alle Lebensvollzüge.

Gott schenkt eine Ordnung: Der Schöpfungsbericht ordnet das Werden dieser Welt in sieben Tagen. Und diese sieben Tage haben ja einen unglaublichen Einfluss gehabt auf unsere Kultur. Sie geben noch heute dem Leben Rhythmus und Ordnung. Und das Überraschende ist, dass die Vollendung des kreativen Handelns Gottes die Ruhe ist: *Am siebten Tag vollendete Gott das Werk, das er geschaffen hatte, und er ruhte am siebten Tag, nachdem er sein ganzes Werk vollbracht hatte. Und Gott segnete den siebten Tag und erklärte ihn für heilig; denn an ihm ruhte Gott, nachdem er das ganze Werk der Schöpfung vollendet hatte. Das ist die Entstehungsgeschichte von Himmel und Erde, als sie erschaffen wurden. (Gen 2,1f.).* Wenn die Juden den Sabbat begehen und Christen den Sonntag feiern, dann ist das dieser tiefen Einsicht zu verdanken, die gewissermaßen in das Grundgefüge der Schöpfung hineingelegt ist.

Gott ist Beziehung: Dabei ist Gott kein »Einzelner«, er ist nicht einfach männlich oder weiblich – aber in seinem kreativen Handeln macht er deutlich, dass er wesentlich Beziehung ist. Kein Einzelner, keine Einzelne ist sein Abbild, keine Statue und Figur, sondern Abbild Gottes ist der lebendige Mensch, präziser: sind die Menschen in ihrer geschlechtlichen Vielfalt und in ihrer Zuordnung zueinander. Das wird noch einmal deutlich in der zweiten Schöpfungsgeschichte (Gen 2, 4b-25). Hier schafft Gott einen Garten, in dem dann der Mensch geschaffen wird. Und nur die Beziehung zu einem anderen Menschen bringt den Menschen vollkommen zu sich selbst. Einswerden, verbunden sein – das bildet Gottes Wirklichkeit am tiefsten ab.

Alle Generationen der Menschen tragen eine tiefe Sehnsucht in sich: die Sehnsucht nach Ordnung und Geborgenheit, nach Gemeinschaft und Verbundenheit, nach Eigenständigkeit und Beziehung zugleich. Die Schöpfungsgeschichte bestätigt diese Wirklichkeit, die wir in uns wissen: Ja – das ist in uns hineingelegt als Menschen, das sind wir zutiefst – und immer dann, wenn wir kreativ sind, wenn Leben in uns wächst, wenn Beziehungen wachsen können, ereignet sich unser tiefstes Sein. Ja – und all das sagt etwas aus über den, der hinter all dem steht: Das ist kein kühler Machthaber und Weltenschöpfer, nicht ein Projekterfinder, nicht eine anonyme Macht, die man nicht fassen könnte – sondern schier das Gegenteil. Jemand, der Gemeinschaft ist und der Beziehung sucht; jemand, der das Gute will und es wirkt; jemand, der Lebensraum schafft und sich an der Vielfalt erfreut; jemand, der Beziehung will und ermöglicht – und der eine Welt geschaffen hat und im Leben hält; jemand, der dem Menschen so sehr vertraut, dass er ihm sein ganzes Werk anvertraut. Und wenn dann dieser Gott den Menschen auffordert, sich zu vermehren, dann wird das Vertrauen immer noch größer. Denn er ist der Schöpfer, der seine Geschöpfe zu Mitschöpfern macht.

So wird also klar, was eigentlich in den Schöpfungsgeschichten der Schrift gesagt werden will. Es geht nicht um die sieben Tage, es geht nicht um das Überspringen naturwissenschaftlicher Erkenntnisse, es geht auch nicht um einen fantasievollen Projektionsversuch, wie es wohl am Anfang von allem gewesen sein könnte. Es geht um etwas ganz anderes. Es geht um die Größe dieses Gottes, seine unfassbare Güte und sein unfassbares Vertrauen. Es geht um den Menschen, seine unendliche Würde und seine tiefste Bestimmung. Es geht um die Welt, in der alles Spuren von Gottes Güte trägt. Das soll am Anfang klar sein. Das ist gewissermaßen das Vorzeichen über allem, was folgt. Ich frage mich: Was für eine Erfahrung mit Gott haben wohl jene gemacht, die eine solche Geschichte an den Anfang stellten? Wie sehr nah müssen sie Gott gekommen sein? Oder besser: er ihnen. Und das mitten in einer Welt, die keineswegs so gütig ist, sondern so voller Leid und Unrecht, so voller Widersprüche und Sinnlosigkeit.

2. Die Erbsünde

Eine geniale Deutung des Lebens

Nein, die Welt ist nicht »gut«, das Leben ist nicht »gerecht« – das wussten auch die Autoren der Schöpfungsgeschichte. Sie erlebten das wie wir, sie erlebten die Katastrophen, den Terror, die Kriege – sie waren nicht naiv. Aber, so fragten sie sich, wie kam dann das Böse in die Welt? Wir glauben mit ihnen: Es gibt in Gott nichts Böses. Er ist der Liebende par excellance. Gott ist nur Liebe. Und also? Ist der Mensch dann böse? Nein, denn er ist ja Gottes Abbild: Der Mensch ist also gut – aber offensichtlich so tief verletzt, dass er am Bösen mitwirkt. Und die Schöpfung ist gut – aber irgendwie immer wieder in das Chaos mit einbezogen ... Wie kann das sein?

Auch hier spielt eine Grunderfahrung unseres Lebens die wichtigste Rolle: Wir selbst erfahren uns als Menschen nie nur als gut, immer wieder wird uns deutlich, dass wir auch destruktiv, böse sind, obwohl wir es gar nicht wollen. Das schreibt Paulus schon fast verzweifelt *(Röm 7, 15): Denn ich begreife mein Handeln nicht: Ich tue nicht das, was ich will, sondern das, was ich hasse.*

Wir alle kennen die Geschichte von Adam und Eva. Wir alle kennen die Geschichte von einer ganz merkwürdigen Verwirrung der Zustände: dass nämlich mitten im Paradiesgarten, den Gott den Menschen geschenkt hat, eine Schlange auftaucht und mit ihren Fragen und hintergründigen Lockungen Eva und auch Adam dazu verführt, ihre Freiheit zu missbrauchen. Und als sie die Frucht des verbotenen Baumes essen, bricht das Beziehungsgefüge der Freiheit und Liebe Schritt für Schritt zusammen: Die Freude Adams an Eva weicht der Scham, die Nähe Gottes zu den Menschen wird zur Bedrohung – das Gleichgewicht der guten

Schöpfung zerbricht, so dass in dieser kurzen Erzählung von Genesis 3 plötzlich die Wirklichkeit unserer Welt einbricht. Die Ambivalenz der Beziehung zwischen Sehnsucht und Zerbrechlichkeit. Die Geschichte der Schuld und der Beschuldigungen, die Geschichte des machtvollen Geschlechterverhältnisses, die Widerständigkeit des Lebens – all das ist plötzlich da. Unbegreiflich. Wo doch alles gut war.

Die genialen Autoren erzählen diese Geschichte, weil sie eben von drei Dingen überzeugt sind: von der Güte Gottes und der Güte der Schöpfung und des Menschen, von der unentwirrbaren und tagtäglich erfahrbaren Zerrüttung der Verhältnisse und von der Unbegreiflichkeit dieser Wirklichkeit: Diese Geschichte erzählt, aber sie erklärt in keiner Weise, wie es dazu gekommen ist. Sie verweist in eine bestimmte Antwortrichtung, die für unseren Glauben zentral wichtig ist – und mit der das Drama seinen Anfang nimmt.

Als der gute Gott den guten Menschen und die gute Welt schuf, da wollte er kein Marionettenspiel, keine Maschine, keine Puppen – er wollte, dass seine Schöpfung und vor allem die Menschen seine Liebe abbilden, in ihrer Gemeinschaft und in ihrem Miteinander seine Liebe widerspiegeln. Das bedeutet aber auch, dass sie dann frei sind, nicht gezwungen etwas zu tun. Frei sein zu lieben – wie Gott. Aber eben darin liegt, und das wissen alle Menschen, auch ein Risiko. Denn man kann diese Freiheit auch für eigene Zwecke – natürlich immer nur für gute! – instrumentalisieren. Genau das ist passiert. Genau in diese Falle sind wir, so sagen die Autoren der Genesis, gelaufen ... und tun das mit wachsendem Erfolg. Wir rechtfertigen unser Handeln, weil es ja nur »Gutes« will, unterschätzen aber, dass wir eigentlich nicht wissen, was wirklich gut und nur gut ist ...

Und so setzt sich das Drama fort. Kaum haben Adam und Eva Kinder, bringt Kain den Abel um, Kriege entstehen, Machtspiele beginnen, Größenwahn siegt – man denke an den Turmbau zu Babel. Und auf einmal sind wir in der Wirklichkeit unserer Gegenwart, und finden uns, persönlich wie gesellschaftlich, eingewoben in ein Netz geprägter Geschichten, aus der wir selbst kaum rauskommen können.

In der katholischen Tradition hat sich – ausgehend von dieser biblischen Annäherung, wie sie die Autoren der Genesis mutig und tiefgründig wagten – eine »Lehre« ausgebildet, die diese Wirklichkeit sehr genial, wie ich finde, beschreibt. Natürlich ist es mit dieser Weiterentwicklung der Gedanken so wie mit allem theologischen Nachdenken. Man kann es missbrauchen, zum Machtinstrument machen, das Menschen zu »armen kleinen und verlorenen Sünderlein« abstempelt – aber es geht ja auch anders.

Wir sprechen von der Erbsünde. Gemeint ist etwas, was sich psychologisch wie entwicklungsgeschichtlich in jedem Menschen und in jeder Gesellschaft zeigt, und woran wir alle immer Anteil haben, passiv wie auch aktiv. Eine fatale Gefangenheitsgeschichte.

Wo immer Leben neu beginnt, wo immer neue Anfänge gewagt werden, stellt man schon nach kurzer Zeit fest, dass dieses »Neue« doch eingeprägt ist in ein Netz von Geschichten der Vergangenheit, aus denen wir uns einfach nicht ausklinken können.

Ein Kind wird geboren, schaut mit neuen Augen in eine völlig neue Welt – und doch ist es eingebunden in die Erfahrungen der Eltern. Ein Kind arrangiert sich damit, dass seine Mutter alleinerziehend, sein Vater Alkoholiker ist – und dennoch wird es geprägt und ist geprägt. Und das geht manchmal über mehrere Generationen so. Wer mag, kann dies in so vielen Geschichten nachlesen.

Und was ist mit dem Hass von Völkern aufeinander? Wenn man dann feststellt, dass dieser Hass vor Hunderten von Jahren angelegt und entstanden ist – wie kommt es, dass dann heute Menschen immer noch auf diesem Hintergrund geprägt sind? Wie kommt es, dass trotz der Sehnsucht nach Frieden Hass und Gewalt wachsen – und Menschen traumwandlerisch den Weg der Gewalt gehen?

Die Rede von der Erbsünde macht eines deutlich: Wir finden uns immer schon wieder als Menschen, die in einem immer schon gebrochenen und weiter zerbrechlichen Lebenszusammenhang stehen, wir sind immer auch irgendwie »Opfer«, haben gar nicht die Chance eines echten Anfangs, weil wir von außen wie von innen Prägungen ausgesetzt sind, die wir gewissermaßen »erben«: ein folgenreiches soziales wie persönliches Erbe. Denn wir stecken da drin … und beginnen selbst, dieses Erbe zu übernehmen. So sehr wir nichts dafür können, so sehr handeln wir aus diesem Erbe heraus, auch ganz bewusst. Dieser Zusammenhang ist unübersehbar vielfältig, und ganz unabhängig davon, wie bewusst uns das alles ist, sind wir in einer Geschichte verstrickt, die alles andere als heilbringend ist. Sie setzt Verletzungen fort. Und so geht es immer weiter.

Eine sehr realistische Einschätzung einer ausweglosen Situation. Kein Heil in Sicht. Und selbst wenn wir versuchen würden, »besser« zu werden, dann gilt auch für uns: Wahrscheinlich sind wir uns der Tiefe unserer Unheilsprägungen nie ganz bewusst. Und so sehr wir also uns entschuldigen könnten, weil ja diese Prägungen unser Handeln gewissermaßen »ohne unser Mitwirken« bestimmten – so sehr sind wir sehr aktiv Handelnde und setzen diese Geschichte fort mit Handlungen, die in anderen wieder Unheil auslösen. Wir nehmen gewissermaßen unser Erbe an und führen es weiter ….

Die Geschichten der Bibel bezeugen diesen Zusammenhang eindeutig – und im 1. Petrusbrief, im Neuen Testament, wird dafür eine treffende Formulierung gefunden, die mich sehr beeindruckt: *…von den Vätern ererbte sinnlose Lebensweise.*

Wie können wir neu frei werden? Gibt es eine »Herauslösung« aus diesem Zusammenhang? Das ist eine zentrale Grundfrage der Menschen, die diese Eingebundenheit in eine Unheilsgeschichte verspüren – und zugleich ihre Sehnsucht nach einer neuen Welt.

3. Der Gott der neuen Anfänge

Am Ende der Paradiesgeschichte geschieht etwas Erstaunliches. Einerseits gibt es kein Zurück mehr. Die Verhältnisse sind verwirrt. Und so ist das Paradies verloren. Aber Gott hilft Adam und Eva. Er bekleidet sie mit Fellen, er schützt sie gewissermaßen – und sie müssen jetzt in das Leben gehen. Gott bleibt an ihrer Seite, in der ausweglosen Situation, die in eine ungewisse und leidvolle Zukunft der Menschheit führt. Er ist immer irgendwie nah. Und er wirkt irgendwie auch verzweifelt. So zerrissen wie die Menschen wirkt Gott auch. Sie sind ja seine Geschöpfe, und er hatte ihnen die Freiheit geschenkt, wie er zu lieben. Nun haben sie die Freiheit missbraucht, und die Geschichte beginnt mit einer ständigen Steigerung des Unheils. Aber Gott kann von seiner Schöpfung nicht lassen. Er steht zu ihr. Kurzzeitig verliert er die Geduld, als er die große Flut macht und bis auf Noah und seine Familie fast alles vernichtet. Aber genau das will er eigentlich nicht – und seitdem ist der Regenbogen das große Zeichen dafür, dass Gott den Menschen niemals verlässt und aufgibt.

Und so wird Gott der Gott der neuen Anfänge. In der Verwirrtheit und Boshaftigkeit menschlicher Geschichte, im Stehen zur Güte der Schöpfung und des Menschen, versucht Gott immer wieder neue Anfänge. Neue Anfänge mit Menschen. Exemplarisch wird dies immer wieder erzählt. Und es macht etwas deutlich, was für meinen und unseren katholischen Glauben zentral wird.

Die Genesis erzählt die Geschichte von Abram. Inzwischen ist er ein alter Mann und hat eine unfruchtbare Frau. Die Geschichte der Menschheit ist weitergegangen. Nichts ist besser geworden. Eher deutet die Schrift an, dass es so etwas wie einen schleichenden Niedergang gibt. Waren Menschen früher uralt, so sterben sie jetzt eher ... das Leben nimmt ab.

In dieser Situation geschieht ein Anruf Gottes. Gott spricht zu Abram. Allein schon das macht wieder Staunen. Mitten in ein gelebtes Leben hinein, mit seinen Höhen und Tiefen, mit seinen Erfolgen und Enttäuschungen, und vor allem mit seiner Unfruchtbarkeit, bricht Gott gewissermaßen in dieses gelebte Leben ein:

Der Herr sprach zu Abram. Zieh weg aus deinem Land, von deiner Verwandtschaft und aus deinem Vaterhaus in das Land, das ich dir zeigen werde. Ich werde dich zu einem großen Volk machen, dich segnen und deinen Namen groß machen. Ein Segen sollst du sein. Ich will segnen, die dich segnen; wer dich verwünscht, den will ich verfluchen. Durch dich sollen alle Geschlechter der Erde Segen erlangen. Da zog Abram weg, wie der Herr ihm gesagt hatte (Gen 12, 1-4).

Das nennt man ja wohl Berufung, und es ist eine Sensation. Denn was hier geschieht, das sagt eine Menge über Gott aus. Er hat sich gewissermaßen festgelegt. Er möchte mit Menschen und durch Menschen ermöglichen, dass es eine gute Zukunft für alle Menschen gibt. Und deswegen spricht er Menschen wie Abram an. Ganz persönlich fordert er – und das ist das Zweite – einen Menschen heraus, sich ganz auf Gott einzulassen und mit ihm in eine Zukunft zu gehen, die ebenso ungeahnt wie unwahrscheinlich wirkt.
Zuerst und vor allem beginnt hier eine neue Perspektive der Geschichte. Gott will das Heil der Menschen wirken, und er will dies mit Hilfe von Menschen tun. Dieser Abram aber bringt gar nicht die Voraussetzungen dafür mit: Er ist schon alt, und Kinder kann er nicht bekommen. Umso überraschender, was Gott verspricht. Über seinem Leben steht eine ungeheure Verheißung. Lässt Abram sich darauf ein, alles zu verlassen, was ihm bekannt ist, und sich auf Gott allein zu stützen, dann verheißt ihm Gott Fruchtbarkeit – weit über sein Leben hinaus. Er wird zu einem Volk werden, zu einem großen Volk. Und zugleich verheißt Gott dem Abram ein neues Land, eine Heimat, die Er für dieses Volk schafft – aber das Abram nicht kennt.

Aber damit nicht genug. Dieses neue große Volk in diesem neuen Land ist nicht nur eine persönliche Verheißung für Abram, gewissermaßen der Preis für seine Leidenschaft für Gott – es geht Gott um viel mehr. Es geht Gott um alle Menschen. Geht Abram mit, dann beginnt hier eine Heilsgeschichte, die nach vorne offen ist. Gott möchte gar nicht zurück, er möchte nach vorn. Und er sucht und beruft Menschen, die mit ihm gehen, die sich auf ihn einlassen, ihm vertrauen über jedes vernünftige und ausrechenbare Maß hinaus. Und Gott sucht diese Menschen, damit Er alle retten kann.

In dieser kleinen und persönlichen Geschichte des Abram, die dann erzählt wird, geht es nicht darum, eine historische Geschichte zu erzählen. Das kann wohl kaum geklärt werden. Nein, es geht wieder um Gott und den Menschen, es geht um seine Güte und um das Heil des Menschen.

Und es zeigt sich eine »Logik«, die sich dann im Verlauf der Geschichte, bis hinein in unsere Tage, immer wiederholen wird. Gott ist der Liebende, der eine Leidenschaft für alle Menschen hat, sie sammeln will und unter seinem Segen verbindet. Die göttliche Leidenschaft für alle Menschen ist Hintergrund für das, was man »katholische Kirche« nennt. Denn gemeint ist nichts anderes als jene »alles umfassende« (das meint das griechische Wort »katholon«) Sammlungsbewegung Gottes – und diese Sammlungsbewegung Gottes nennt man griechisch »ekklesia« – die Heraus- und Zusammengerufenen.

Keine Sorge: Hier will kein verrückter Katholik belegen, dass die katholische Kirche schon in die Zeiten des Abram zurückreicht, und von einer römisch-katholischen Tradition kann hier überhaupt noch nicht die Rede sein. Aber in Abram wird deutlich, was seit dem Ende des Paradieses Gott unablässig bewegt: wie nämlich die Menschen neu in die liebende Gemeinschaft mit Gott hineintreten können.

Schauen wir noch einmal genauer hin, um zu verstehen, wie Gott das bewirken will: Er spricht einen Menschen an, der sicher nie an eine solche Rolle gedacht hat, wie Gott sie ihm jetzt zugedenkt. Dieser Mensch, der dann mit seiner ganzen Familie sich auf den Weg macht, vertraut dieser Stimme. Das ist schon ein Wunder – er kennt ihn doch kaum. In der Logik Gottes nennt man diese positive Antwort »Glauben«, und es wird schon hier deutlich, dass es ein Vertrauen in eine Beziehung ist.

Gott aber *ruft* den Abram, um ihn auf einen Weg zu schicken. Auf den Weg einer Verheißung, die Abram selbst gar nicht mehr erleben kann. Das Projekt Gottes reicht weit über ihn hinaus und ist gar nicht kalkulierbar ... Und es geht noch weiter: Die Verheißung wird universal: Das neue Volk, das da entsteht und das sein Zuhause in einem neuen Land finden wird, wird selbst zu einem Katalysator des Segens für alle: eine Wirklichkeit, durch die alle anderen Segen erlangen.

Dafür lässt Abram alles. Der Ruf Gottes ist offensichtlich so stark, dass er das ganze Leben des Abram auf den Kopf stellen kann. Wenn man also in unserer Kirche von Berufung spricht – und das tun wir sehr häufig, dann wird deutlich, was eigentlich damit gemeint ist: Es geht um eine personale Begegnung mit dem liebenden Gott, die das Leben verändert. Auf einmal hat das Leben eine Verheißung, eine Richtung – und noch viel mehr als um eine persönliche Erfüllung geht es darum, an der Leidenschaft Gottes für die Menschen teilzuhaben ... und sich auf den Weg zu machen.

Später, im Neuen Testament, hat der Autor des Hebräerbriefs dies so in Worte gefasst: *Aufgrund des Glaubens gehorchte Abraham dem Ruf, wegzuziehen in ein Land, das er zum Erbe erhalten sollte; und er zog weg, ohne zu wissen, wohin er kommen würde. Aufgrund des Glaubens hielt er sich als Fremder im verheißenen Land wie in einem fremden Land auf und wohnte mit Isaak und Jakob, den Miterben derselben Verheißung, in Zelten; denn er erwartete die Stadt mit den festen Grundmauern, die Gott selbst geplant und gebaut hat. (Hebr. 12, 8-10)*

So fängt Gott an, inmitten der weiterhin undurchschaubaren Weltgeschichte der Kriege und des Unrechts eine neue Geschichte zu schreiben – seine Heilsgeschichte voller Verheißungen. Ein langdauerndes Projekt, zu dem er immer wieder Menschen ruft und bewegt, sich von seiner Leidenschaft zur Sammlung aller mitreißen zu lassen. Er sammelt sie in einem Volk – und durch sie sollen dann alle Menschen Zugang zum Segen Gottes finden.

Wenn also später – wir werden uns damit beschäftigen – die römisch-katholische Kirche sich verstehen wird als das von Gott gerufene Volk, das durch die Geschichte den Auftrag zur Sammlung aller Völker weitertragen möchte, dann liegen die Ursprünge dieses Selbstverständnisses schon hier, am Anfang der Heilsgeschichte.

Die Vergangenheit und ihre unheilvolle Prägekraft verhindern eine Rückkehr in den Ursprung, der verloren ist – und jeder Versuch, daraus zu entfliehen, kann nur misslingen, ja führt dazu, dass der Mensch, der meint, das Gute vom Bösen reinlich scheiden zu können, genau in die Falle läuft, der er entkommen möchte. Von diesem Blick her wäre es nur möglich, am Ende des Lebens eines Menschen zu fragen, ob er denn gut genug war oder eben nicht. Und dieses Urteil würde zur Verurteilung führen. Eine Geschichte der Freiheit, die in das Unheil führt.

Gott dreht die Perspektive grundlegend um: Er beginnt von vorn – zusammen mit Menschen, die er für seine Leidenschaft gewinnen kann.

4. Exodus

Die krummen Wege der Befreiung und Verheißung

Diese »Art und Weise« Gottes führt in ein spannendes Geschichtsverständnis. Denn immer wieder ist es Gott, der mit den Menschen neu anfängt und seinen langen Weg der Verheißung mit den Menschen gehen möchte – und immer wieder sind es die Menschen, die diese Wege abbrechen. Und dennoch: Durch alle Verwicklungen hindurch, durch alles Chaos der Geschichte des Volkes der Juden, durch alles Versagen und durch alle kriminellen Dinge, von denen hier ständig berichtet wird, geht Gott seinen Weg weiter und »baut« an seiner Perspektive.

Vielleicht wird das nirgends so sichtbar wie in der ganz bekannten Geschichte des Mose und des Exodus: des Weges aus der Gefangenschaft in Ägypten hin in das verheißene Land. Das ist eine wirklich spannende Geschichte – denn sie zeigt eine ungeheure Dynamik, ungeheure Widerstände, und einen Gott, der mit ungeheurer Geduld seinen Weg mit eher schwachen Menschen geht.

Auch diese Geschichte ist keine historische Geschichtserzählung. Sie ist weniger – und mehr zugleich. Denn auf der einen Seite werden Wissenschaftler erklären, dass es wohl so etwas wie eine wilde Horde von Sklaven gegeben hat, die sich auf die Flucht begeben und tatsächlich den Ägyptern entkommen konnten. Wie es im Einzelnen war, das hingegen ist alles andere als klar.

Aber diese Geschichte hat es in sich, weil sich auch hier ein »Muster« zeigt, das für alle Epochen des Volkes Israel und der Kirche wichtig geworden ist. Immer mehr zeigt sich, wer Gott eigentlich ist – und immer mehr wird deutlich, wie er seinen Weg mit Menschen geht, wie sich ein Volk formt, und wie es in die Zukunft geht (oder eben auch nicht). Das ist ein spannendes Kapitel über einen Gott, der mit unglaublicher Geduld freie und oft sehr zögerliche Menschen begleitet.

Wieder beginnt alles mit einer Begegnung zwischen einem Menschen, Moses, und seinem Gott. Moses kann man mit Recht als einen flüchtigen Kriminellen bezeichnen. Er musste fliehen und sich im Ausland eine neue Existenz aufbauen. Und hier, mitten bei seiner Arbeit als Hirte, begegnet ihm Gott, der ihn beauftragt, sein Volk aus der Gefangenschaft des Pharao zu befreien. Moses ist perplex, aber mutig – und so fragt er Gott, wer er denn sei. Und Gott antwortet mit diesem berühmten Wort: *Ich bin der ich bin da. (Ex 3,14)*

Eine ungeheure Aussage, die für alle Menschen, besonders aber für alle Christinnen und Christen, die sich von der Botschaft Gottes in der Kirche, in den Kirchen sammeln lassen, von entscheidender Bedeutung ist. Gott ist kein ferner Gott im Himmel, jenseits der Menschen; Gott begleitet den Menschen nicht von der Ferne her – sondern er ist ein gegenwärtiger Gott, mittendrin im Leben der Menschen, da – aber nicht ergreifbar; spürbar, aber nicht handhabbar; wirkmächtig, aber nicht instrumentalisierbar.

Das macht die Geschichte des Exodus als Geschichte der Befreiung zu mehr als einer ausgeschmückten Fantasie über eine kleine Truppe fluchtbereiter Sklaven. Die Geschichte vom Exodus erzählt vor allem, dass Gott da und mit dem Volk unterwegs in die Freiheit ist. Und auf diesem Weg, auf dem alles Mögliche und Unmögliche geschieht, formt sich ein Volk, wächst eine Kultur – und zeigt sich erneut, dass die Geschichte Gottes mit den Menschen gar nicht so einfach ist.

Man könnte ja meinen: Endlich, nachdem die Ägypter in den Fluten des Roten Meeres umgekommen sind und ihre Leichen am Strand treiben, freuen sich alle über die neugewonnene Freiheit. Zuerst schon – aber dann wird deutlich, dass die Geschichte und die Erfahrungen immer eine Kraft haben, die zurückzieht. Wer immer es einmal versucht hat, die Bücher der Befreiung (z. B. Exodus und Numeri) zu lesen, der entdeckt etwas Merkwürdiges. Obwohl Gott doch immer mit diesem Volk unterwegs ist, obwohl Moses immer wieder ermutigt zum Weitergehen – fängt das Volk immer wieder an, von der Vergangenheit zu schwärmen und über die Gegenwart zu murren.

Gott kann tun, was er will: Es gibt Manna in der Wüste, Wachteln kommen ins Lager geflogen – fast wie im Schlaraffenland, Wasser entspringt dem Felsen – das Volk murrt und möchte wieder zurück. Der Blick auf die Fleischtöpfe Ägyptens ist derart verklärt, der dortige Eintopf (die »Fleischtöpfe Ägyptens«) erscheint in einem derart goldenen Licht, dass alle Sklaverei überblendet und verdrängt wird. Es scheint fast so, als wolle das Volk gar nicht mehr Freiheit, mehr Leben, mehr Verheißung.

Gott hatte durch Mose verheißen, das Volk in ein Land zu führen, in dem Milch und Honig fließen. Aber immer wieder zweifelt das Volk in der Wüste an seinem Gott und ist bereit, bei der ersten sich bietenden Gelegenheit den gegenwärtigen Gott einzutauschen gegen goldene Kälber.

Wie aktuell dies für meine Kirche ist – in jeder Aufbruchs- und Umbruchssituation eigentlich –, lässt sich deutlich erkennen: Dem mutigen Aufbrechen folgt ein unendliches Murren. Solange alles so ist, wie man es sich vorstellt, ist es okay. Sobald aber die Kirche Wege geht, die – wie in jeder Wüste – zu einer größeren Orientierungslosigkeit führen, in der alle Wegmarken, die man so kennt, verschwimmen, da sehnt man sich zurück nach der gefügigen Sicherheit der Vergangenheit. Genau das passiert gerade auch heute. Dieser Gott führt ja auch heute sein Volk – aber dieses Volk murrt, kann schwer vertrauen, weil es das verheißene Land nicht sieht.

Als es dann endlich so weit ist, als das verheißene Land nahegerückt ist, passiert der Megagau. Auch hier verweigert sich das Volk, sieht vor allem die Probleme, möchte am liebsten sterben oder doch umkehren.

In solchen Situationen der Geschichte Gottes mit seinem Volk, damals (vgl. Numeri 14) wie heute, wird deutlich, dass Erneuerung und Aufbruch immer ein langwieriger und stolpriger Prozess sind. Dafür ist die katholische Kirche, aber nicht nur sie, ein gutes Beispiel. Aber es wird deutlich, dass diese meine Kirche damit den Gesetzmäßigkeiten folgt, die offensichtlich schon von Anfang an jeden Weg Gottes mit seinem Volk erschwerten: Die leidenschaftliche Sehnsucht Gottes, sein Volk zum Heil zu führen, hinein in eine Zukunft *mit Milch und Honig*, kontrastiert auffällig mit der zögerlich-ängstlichen Steifheit, die in gemachten Erfahrungen gründet. Und oft – wie in diesem Fall – dauert deswegen Erneuerung und Fortschreiten so lange, mehr als eine Generation.

Mitten auf diesem Weg, das sei hier schon einmal angedeutet, beschenkt Gott sein Volk mit den Zehn Geboten. Man könnte ja meinen, gerade im Blick auf die Geschichte der Zehn Gebote in der katholischen Kirche, hier würde Gott nun die Zügel straff anziehen und seinem Volk jetzt das Kleingedruckte der Befreiung überreichen. Zu oft sind in der Vergangenheit die Zehn Gebote als moralische Gängelung des Menschen verstanden worden – und damit wurden sie auch in meiner Kirche oft vollkommen missverstanden. Schon damals, und auch heute, sind die Zehn Gebote nichts weniger als Orientierungen, die den Raum der Gegenwart Gottes ausleuchten, die ermöglichen sollen, dass Menschen in Frieden und in Liebe zusammenleben – eine große Regel des Menschseins in Gemeinschaft, wie Gott sie ersehnt für den Segen der Menschen. Sie sind nicht dafür da, den Menschen zum Sünder zu machen, der sich dann schlecht und falsch fühlen muss. Ganz im Gegenteil sollen sie Weggeleit sein, wie ein Geländer im Gebirge, das vor dem Absturz bewahrt, wie eine Stimme, die Richtung und Orientierung gibt, wie ein Gewissen, das auch anklagen kann, wenn man tatsächlich vom Weg abgekommen ist. Wir werden darüber nachdenken müssen, wenn wir über das Thema von Sünde und Beichte in der katholischen Kirche ins Gespräch kommen.

Aber was lerne ich für den Weg des Volkes Gottes und also für die Kirche aus dieser biblischen Leitgeschichte? Zuerst und vor allem wird eins immer wichtiger. Mitten in den verwirrenden Zeitläuften, in den Chaosgeschichten von Krieg und Gefangenschaft, von Terror und Versklavung zeigt sich ein Gott, der immer »da« sein will. Und in seinem »Da« sein bleibt er nicht etwa fern von den Schrecklichkeiten des Lebens, sondern er will die Freiheit, er will für die Menschen ein Land der Fülle des Lebens. Und er will sie dahin begleiten.

Von Anfang an ist also die Unheilsgeschichte durchwoben von einer Heilsgeschichte, von einem Gott, der sein Volk nie allein lässt. Das heißt nicht, dass dann alles »easygoing« ist. Ganz im Gegenteil. Die ganze Geschichte bleibt ambivalent, es gibt viel Versagen, es gibt Katastrophen und Rückschritte – aber Gott bleibt auf diesem Weg.

Meine Kirche, die römisch-katholische Kirche, sieht sich seit einigen Jahrzehnten wieder stärker in dieser biblischen Spur. Das II. Vatikanische Konzil beschreibt die Kirche als *Volk Gottes auf dem Weg*. Das ist eine starke Aussage. Denn das bedeutet auch, dass wir als katholische Kirche nicht so etwas sind wie eine feststehende Trutzburg, die allen Stürmen der Zeit widersteht und immer gleich ist. Nichts wäre falscher. Ganz sicher vermittelt man gerne einen solchen Eindruck, als wäre immer alles schon so gewesen, wie es heute ist. Das Konzil beschreibt die Kirche anders. Denn wenn wir, das Volk Gottes, auf dem Weg sind, sind wir in ständiger Veränderung, in ständigem Neuaufbruch, in ständiger Verwandlung – auf dem Weg zu einem Ziel, das nicht wir selbst sind. Es geht nicht darum, dass die Kirche immer größer wird – sondern es geht um das Heil aller Menschen, die von Gott gesammelt werden. Die Kirche, das Volk Gottes, seine Sammlungsbewegung ist dafür ein Instrument. Und von Instrumenten weiß man, dass sie sich anpassen müssen an die Situationen und Gelegenheiten, die sie zu einem guten Instrument werden lassen. Auf der einen Seite also geht es um eine Treue zu Gott, eine Liebe zu diesem Gott, der da ist und mitgeht und für sein Volk sorgt. Auf der anderen Seite geht es darum, sich immer wieder neu auf den Weg zu machen und so auch selbst in Veränderungsprozessen zu sein.

Volk Gottes auf dem Weg zu sein, mit einer Verheißung unterwegs zu sein – das ist der Auftrag der Kirche. Es ist ein Mitgehen mit der Leidenschaft Gottes, aber ... kein einfacher Weg. Denn wie schon das Volk Gottes in der Wüste immer wieder ins Wanken kam, und der Verheißung Gottes nicht mehr trauen mochte, so gibt es diese Herausforderung durch alle Zeiten auch heute: Sind wir bereit, herauszugehen, im Aufbruch zu sein?

5. Im Exil sein

Zeiten der Umkehr und Vertiefung von Visionen

Das Volk Gottes befand sich – und befindet sich – fast immer in krisenhaften Situationen. Das hat einen einfachen Grund, der in den Berichten des Alten Testaments, vor allem in den »Geschichtsbüchern« immer wieder genannt wird: Sie lebten nicht so, wie es Gott gefiel. Nun ist es dann nicht so, dass Gott sein Volk fallen lässt, sondern das, was dann als »Strafe Gottes« wahrgenommen wurde, ist nichts anderes als die Gewährung der Freiheit: Gott geht mit seinem Volk mit, aber er lässt auch zu, dass es sich verrennt und dann die Konsequenzen dieses Handelns auf der eigenen Haut spürt.

Am deutlichsten wird dieses durch die schmerzhaften Erfahrungen verlorener Kriege, die sogar dazu führten, dass das Volk – was von ihm übrig blieb – verschleppt und versklavt wurde. Diese Erfahrung des Exils ist dann aber eine wichtige spannende und sogar kreative Zeit für das Volk selbst.

In dieser Zeit spielen Propheten eine wichtige Rolle. Jesaja, Jeremia, Ezechiel, Amos, Hosea, Elija und Elischa – es sind viele und noch mehr, die eine ganz besondere, doppelte Rolle in der Weggeschichte des von Gott gesammelten Volkes spielen.

Diese Propheten sind eines nicht: keine Wahrsager oder Zukunftswisser, und schon gar nicht selbst ernannt. Es sind Personen, die – an einem bestimmten Punkt der Geschichte von Gott gerufen werden. Nolens volens, muss man wohl sagen, denn – so beschreiben sie zuweilen – sie haben nicht damit gerechnet, sie hatten es nicht vor, Prophet zu sein, und fühlten sich der Aufgabe auch gar nicht recht gewachsen. Einer von ihnen, Jeremia, schreibt so:

Das Wort des Herrn erging an mich: Noch ehe ich dich im Mutterleib formte, habe ich dich ausersehen, noch ehe du aus dem Mutterschoß hervorkamst, habe ich dich geheiligt, zum Propheten für die Völker habe ich dich bestimmt. Da sagte ich: Ach, mein Gott und Herr, ich kann doch nicht reden, ich bin ja noch so jung. Aber der Herr erwiderte mir: Sag nicht: ich bin noch so jung. Wohin ich dich auch sende, dahin sollst du gehen, und was ich dir auftrage, das sollst du verkünden. Fürchte dich nicht vor ihnen; denn ich bin mit dir, um dich zu retten – Spruch des Herrn. Dann streckte der Herr seine Hand aus, berührte meinen Mund und sagte zu mir: Hiermit lege ich meine Worte in deinen Mund ... (Jer 1,4-9)

Gott hat also den Protest schon mitbedacht, und in seinem Ruf liegt etwas Unwiderrufliches. Vor allem: In diesem Ruf liegt etwas von der eigentlichen Sinnbestimmung der Person, von ihrem Auftrag in der Welt »von Anfang an«: Die Einzigartigkeit der Person kommt hier ans Licht – sie war schon immer dazu da, diesen Dienst zu tun, und hat es eben erst jetzt, in dem konkreten Moment, entdeckt und erkannt – durch eine Begegnung mit Gott, die unglaublich intim und persönlich ist.

Es geht mir hier nicht um eine ausführliche Beschreibung der Propheten – das kann man bei Interesse woanders lesen. Es geht mir vielmehr darum, an dieser Stelle ein tieferes Verständnis für die Rede von einer Berufung zu entwickeln. Das ist für meine Kirche, für meinen katholischen Glauben deshalb so wichtig, weil jeder Weg des Glaubens eine Berufung ist.

Wie auch immer ein Mensch sich dem christlichen Weg des Glaubens annähert, immer ist es ein wenig wie bei Abram, Moses und den Propheten. Irgendwie tritt Gott mitten in die Geschichte eines Menschen ein, mal ganz leise und fast unbemerkt, mal spektakulär (man denke an den brennenden Dornbusch oder eben an die Begegnung des Jeremias). Und immer geschieht hier zweierlei: Einerseits findet ein Mensch, wenn er in diese Begegnung kommt, sich selbst, seine eigentliche innere Stimmigkeit, seine eigentliche Sache, für die er da sein will – und zugleich spürt und fühlt er einen Auftrag, eine Sendung, durch die er Gottes Sache dient.

Das kann so ausdrücklich religiös sein wie bei Mose und bei den Propheten, es kann aber auch ganz weltlich sein: Auch das Lehren ist eine Berufung, auch Musik kann eine sein. Wichtig hier ist nur: Was in der Schrift als lebenswendende Begegnung Gottes mit einzelnen Menschen beschrieben ist, gilt in meinem katholischen Glauben eigentlich für jeden, der Christ oder Christin werden will: Es geht um eine Berührung des Menschen durch Gott, durch die dieser in Bewegung kommt, seinen Weg findet, seinen »Ton« in der großen Musik des Lebens finden kann. »Berufung« ist keine spätere Entdeckung, sondern ist eine der »Grundmuster Gottes«: So geht er mit den Menschen um, so will er jedem und jeder begegnen.

Aber wir waren bei den Propheten. Sie sind in Krisenzeiten besonders präsent. Zum einen, weil sie – vor der Katastrophe – zur Umkehr rufen, meistens aber ohne Erfolg, denn von sich anbahnenden Katastrophen will ja keiner hören. Sie rufen in ihre Gesellschaft hinein, dass sie den Weg Gottes, seine gute Ordnung, verlassen habe – und nun eigene Wege des Verderbens geht. Sie beklagen leere Riten und Liturgien, sie beklagen Heuchelei und Korruption, reale Machtpolitik und Willkürherrschaft, sie beklagen die Ungerechtigkeit gegenüber den Armen – all das, was Ausdruck der Abgewandtheit von Gott ist.

Das ist spannend: Es geht nicht zuerst um Gottesdienste, Fasten und Einhaltung religiöser Vorschriften, so wichtig sie sein können – es geht Gott offensichtlich um einen authentischen Lebensstil, es geht Gott darum, dass Menschen ihn »abbilden«, dass sie

Abbild Gottes in ihrem Leben sind. Dazu gehört vor allem die Liebe zu den Armen, dazu gehört Barmherzigkeit – jenes große Hauptwort, das Gottes Wesen so tief beschreibt: jene unbedingte Leidenschaft für den Menschen, für jeden Menschen und die Fülle seine Lebens.

Die Propheten rufen also zur Umkehr auf. Das ist auch ein moralischer Ruf, aber eben vor allem ein Aufruf, wieder neu vom Ursprung her zu denken, von Gott her zu denken, zu handeln, zu leben und zu fühlen.

Das Wort von der Umkehr wird ein zentrales Wort der Botschaft Jesu, ist ein zentrales Wort meines Glaubens und der Praxis meiner katholischen Kirche: Immer wieder gibt es Zeiten und Momente, an denen eine »Umkehr«, eine Hinwendung zu dem Gott, der die Liebe ist, notwendig wird. Nicht weil er es fordert, sondern weil es uns hilft, in der Ambivalenz unserer Zeit und unserer verletzten Wirklichkeiten Orientierung neu zu finden.

Eigentlich hatten die Propheten mit ihrem Aufruf recht wenig Erfolg. Oft erlebten sie dann die verschiedensten Katastrophen mit, bis hin zum Exil – dem Landverlust und des Lebens in der Fremde. Und man könnte denken, dass dann die Geschichte zu Ende war. Weil das Volk nicht geglaubt hat, weil es nicht gehört hatte, was Gott ihm sagen wollte – sitzt es jetzt in der Fremde, wird assimiliert und geht zugrunde.

Aber genau so ist es nicht. In diesen Zeiten, in denen das Volk am Ende ist, in denen alle Strukturen zusammengebrochen sind und man sich in der Fremde wiederfindet, da melden sich die Propheten erneut zu Wort. In der Zeit der tiefsten Depression und Erkenntnis über die eigene Schuldhaftigkeit und das unentschuldbare Versagen spricht plötzlich Gott durch den Propheten neu zu seinem Volk.

Und diese Propheten haben atemberaubende Visionen: Visionen des Heils, Visionen umfassenden Gelingens des Lebens, Visionen, in denen Trost und Perspektive steckt. Vor allem aber Visionen, die nur Gott verwirklichen kann. Diese endzeitlichen Visionen sprechen vom Frieden aller Menschen, von einer großen Gemeinschaft aller Völker, von einer Erneuerung der verletzten und versteinerten Herzen – sie geben die Richtung an und sie präzisieren, welches eigentlich der Horizont jener ersten Verheißungen an Abram und Mose sind: Der »Segen« über allen Völkern, das verheißene Land jenseits des Jordans – diese Zielbilder werden immer deutlicher, und machen dem zerknirschten Volk klar, dass die Reise ins Exil keineswegs das Ende ist. Hier beginnt etwas Neues. Die Visionen Gottes sind nicht über menschliches Machtstreben zu verwirklichen, sie sind nicht machbar – aber dennoch: Gott möchte sie mit seinem Volk verwirklichen, auch wenn dieses Volk immer schwach bleibt und ist, auch durch Zeiten der Dunkelheit hindurch, auf Wegen des Todes und des Untergehens, aus dem nur Gott rettet.

Die Verheißungen sind auch für die Kirche heute wichtig. Sie machen eines klar: Nicht die Kirche, die umfassende (katholische) Sammlungsbewegung Gottes, in die Menschen aus allen Völkern gerufen werden, ist das Ziel der Wege Gottes. Die Kirche – ich denke: alle Kirchen – sind Weggestalt, zeichenhaftes Hinweisen, aber auch Instrument, durch das Gott handeln will, damit diese Verheißungen sich eines Tages erfüllen können.

Das Volk Gottes ist also wesentlich immer unterwegs. Nie angekommen, immer in der Fremde. Das ist für uns katholische Christinnen und Christen konstitutiv: *Denn wir haben hier keine Stadt, die bestehen bleibt, sondern wir suchen die künftige,* so schreibt es im Neuen Testament der Hebräerbrief *(Hebr 13, 14)* im Blick auf den Kreuzestod Jesu – und Paulus schreibt im Philipperbrief: *Unsere Heimat ist im Himmel ... (Phil 3,20)*

Diese Grundgewissheit hat schwerwiegende Konsequenzen. Auf der einen Seite ist es ja immer eine Gefahr – und dieser Gefahr erliegt auch meine Kirche immer mal wieder – sich einzurichten, sich zeitgeistig zu beheimaten in verschiedenen Gesellschaftsformen. Mal mit Königen und Kaisern, mal mit Reichskanzlern, mal mit den herrschenden Cliquen sich zu verbünden – das ist das große Risiko der Kirche. Zu glauben, dass eine ganz bestimmte Gestalt der Kirche »ewig« sei, wo wir doch in der Fremde sind und bleiben. Zu denken, dass die Volkskirche die einzig normale Form der Kirche ist, dass die gewachsenen Gemeindegestalten der vergangenen Jahrzehnte, die doch so erfolgreich Menschen sammelten, schon die auch für die Zukunft angemessene Form sein kann – das alles wird durch diese dynamische und immer wieder durch den Umkehrruf herausgeforderte Wegwirklichkeit mehr als in Frage gestellt.

Eigentlich gilt dann ja: Wenn wir immer auf dem Weg sind, geschieht auch ständig Wandel und Erneuerung, wandeln sich Weggestalten – was sich aber nicht wandelt, das ist das Mitgehen Gottes, sein Wort an uns, sein Berufungshandeln und sein Wunsch, alle Menschen zu sammeln.

Wie kommt es nur, dass – gerade auch bei meinem katholischen Glauben – man angesichts dieser unglaublichen und spannenden Herausforderung zur erneuernden Umkehr und zur Kirchenerneuerung immer wieder genau das Gegenteil von meiner Kirche vermutet: dass sie nämlich sich versteift auf die Vergangenheit, dass sie ziemlich altbacken und veraltet daherkommt – und eigentlich alles tut, um Erneuerung zu verhindern? Ist das so? Und warum gibt es diesen Eindruck? Und vielleicht ist es ganz anders?

II – MIT CHRISTUS SEIN

Dann sah ich einen neuen Himmel und eine neue Erde, denn der erste Himmel und die erste Erde sind vergangen, auch das Meer ist nicht mehr. Ich sah die heilige Stadt, das neue Jerusalem, von Gott her aus dem Himmel herabkommen; sie war bereit wie eine Braut, die sich für ihren Mann geschmückt hat. Da hörte ich eine laute Stimme vom Thron her rufen: Seht die Wohnung Gottes unter den Menschen! Er wird in ihrer Mitte wohnen, und sie werden sein Volk sein; und er, Gott, wird bei ihnen sein. Er wird alle Tränen von ihren Augen abwischen. Der Tod wird nicht mehr sein, keine Trauer, keine Klage, keine Mühsal. Denn was früher war, ist vergangen. Er, der auf dem Thron saß, sprach: Seht ich mache alles neu. (Offb 21, 1-5)

Am Ende der Heiligen Schrift ist es wie am Anfang: Alles wird neu geschaffen. Die Schöpfung wird verwandelt. Am Ende – so schreibt das Buch der Offenbarung – erfüllen sich die Verheißungen Gottes in einer Stadt, in der Gott wohnt. Mitten unter ihnen.

Wer das Buch der Offenbarung liest und weiß, dass der Stil der »Apokalypse« – Apokalypse heißt Enthüllung – eine sehr spezielle Endzeitbeschreibung ist, der liest darin das ewige und undurchschaubare, das gewalttätig-brutale Auf und Ab der Geschichte, in der durchsichtig wird, dass Gott inmitten dieses ambivalenten Hin und Her seine Pläne durchsetzt. Am Ende erreicht er das Ziel, alle Menschen zusammenzuführen in seiner Gegenwart. Das ist die Verheißung, von der wir eben schon sprachen.

Aber wie tut er das? Durch Jesus Christus, seinen Sohn, der Mensch geworden ist. Alles, was meinen katholischen Glauben so spannend macht, ist darauf gegründet. Das unterscheidet uns nicht von allen anderen christlichen Konfessionen. Christus ist der Herr, der Bruder, der mit seinem Leben, vor allem mit seinem Tod und seiner Auferstehung diese Heilsperspektive ermöglicht, erwirkt und gegenwärtig sein lässt.

Dieses Buch will ja keinen katholischen Katechismus ersetzen, und es braucht keine umfassende Theologie zu bieten – aber es will Faszination für den katholischen Glaubensweg bezeugen und nachvollziehbar machen. Und deswegen braucht es wenigstens einige »Skizzen« von Jesus Christus. Denn er ist ja die Mitte all dessen, was wir glauben.

1. Emmaus und die Folgen

Für mich ist mein persönlicher Glauben natürlich zunächst die Frucht christlicher und katholischer Erziehung. Ich durfte von meiner Mutter und meinem Vater den katholischen Glauben lernen: Ich lernte zu Hause beten – wir gingen gemeinsam in die Kirche – ich war auch eine Zeit lang Ministrant. Das war okay, aber auf Dauer, vor allem als ich Jugendlicher war, fehlte mir etwas. Und ich konnte nur ganz schwer sagen, was das war. Irgendwie mehr musste es doch geben.

Da geschah etwas Neues. Eines Tages wurde ich zu einem Treffen mit Jugendlichen eingeladen. Eigentlich hatte ich keine Lust – oder besser: Da ich niemanden kannte, hatte ich keine Neigung, dorthin zu fahren und dann den ganzen Tag unter Fremden zu verbringen. Aber mit Überredungskünsten meiner Mutter bin ich dahin gefahren – und das prägt bis heute meine katholische Erfahrung.

Deswegen will ich sie erzählen. Sie ist spektakulär und unspektakulär zugleich. Auf der einen Seite war ich an diesem Tag einer von vielen Teilnehmenden. Und ehrlich gesagt –ich weiß überhaupt nicht mehr, welche Programmelemente diesen Tag kennzeichneten. Aber an eines erinnere ich mich. Ich, der ich gefürchtet hatte, aufgrund meiner Schüchternheit mit niemandem ins Gespräch zu kommen und in der Ecke allein rumzustehen – ich hatte den ganzen Tag mit Leuten gesprochen. Und nicht nur oberflächlich, sondern wirklich intensiv. Und ich hatte den Eindruck, dass ich das eigentlich immer gesucht hatte – das war das fehlende Puzzleteil – nein, die fehlende Mitte – meiner Suche nach dem Christsein. Und darunter spürte und erahnte ich noch etwas Unbegreiflicheres: Irgendwie hatte ich in allen diesen Kontakten und Gesprächen Gott »erfahren«. Er war wie der Hintergrund, der Raum, in dem sich all das so überraschend für mich ereignen konnte. Eins war mir klar: Das wollte ich, das lässt mich bis heute nicht mehr los – so stelle ich mir Christsein vor. Ganz einfach eigentlich, ganz banal und mitten unter allen Menschen. Und doch so besonders, in einem besonderen Licht, in einer besonderen Gegenwart ...

Wenn ich vor diesem Hintergrund die Emmausgeschichte (Lukas 24) lese, wenn ich die Geschichten von der Auferstehung lese, dann erleuchtet sich diese Erfahrung von innen. Dann wird die Erfahrung der Auferstehung Jesu meine Erfahrung.

Wir alle kennen diese Geschichte. Die zwei Jünger sind – traurig und erschüttert über den Tod Jesu – auf einer kleinen Reise in ein Dorf namens Emmaus. Sie tauschen sich aus über all das, was da in Jerusalem mit Jesus geschehen ist. Er wurde ja gekreuzigt und ist tot. Ein dritter Weggefährte kommt hinzu. Und während sie reden, beginnt er, ihnen die Geschichte zu erleuchten. Er legt ihnen die Schrift aus – und ihr Herz fängt zu brennen an. Sie sind völlig berührt von einer Erfahrung, die sie nicht deuten können. Und erst als er mit ihnen das Brot bricht, geht ihnen auf, wer er ist: Christus ist auferstanden, er ist mit ihnen unterwegs. Dann verschwindet er, aber sie sind nicht traurig, sondern völlig elektrisiert und erzählen es den anderen.

Diese Erfahrung ist es, die mein katholisches Christsein zutiefst prägt: dass nämlich der Auferstandene gegenwärtig ist, auch und gerade heute, auch und gerade in meinem, in unserem Leben. Die Erfahrung des Glaubens ist also keine Vergangenheit, sondern aktuellste Gegenwart. Und immer wieder kann ich erfahren, dass er »da« ist, wie er verheißen hat. In allen Lebenssituationen, in allen Katastrophen meines Lebens, in allen hellen und lichtvollen Momenten.

Und so beginne ich die Schrift zu verstehen und zu deuten. Am Ende des Evangeliums von Matthäus spricht Christus zu seinen Jüngern und sagt: *Seid gewiss – ich bin bei euch alle Tage bis zum Ende der Welt. (Mt 28,20)* Und die Zusage seiner geheimnisvollen und doch so erfahrbaren Gegenwart kommt zum Ausdruck in dem berühmten Wort Christi an seine Jünger: *Wo zwei oder drei in meinem Namen versammelt sind, da bin ich mitten unter ihnen. (Mt 18, 20)*

Und wenn Paulus seiner Gemeinde in Kolossä seinen Auftrag kundmachen will, dann redet er ganz euphorisch so: *Ich diene der Kirche durch das Amt, das Gott mir übertragen hat, damit ich euch das Wort Gottes in seiner ganzen Fülle verkündige, jenes Geheimnis, das seit ewigen Zeiten und Generationen verborgen war. Jetzt wurde es seinen Heiligen offenbart. Gott wollte ihnen zeigen, wie reich und herrlich dieses Geheimnis unter den Völkern ist: Christus ist unter euch, er ist die Hoffnung auf Herrlichkeit. (Kol 1, 25-27)*

Die Evangelien, die Briefe des Paulus an seine Gemeinden und die anderen Zeugnisse erzählen eigentlich immer in diesem Licht: Christus lebt mitten unter den Seinen – er ist erfahrbar, erlebbar. Und seine Gegenwart ist nicht nur irgendeine Behauptung, sondern ist gewissermaßen die innerste Mitte und das eigentliche Ziel von allem, was Kirche sein will, und auch was meine Kirche ist. Immer geht es darum, dass er gegenwärtig in unserer Mitte ist, dass wir das spüren und froh werden. Und dass darin ein Vorgeschmack jener »Neuen Stadt Jerusalem« steckt, der »Hoffnung auf Herrlichkeit«, von der Paulus spricht. Im Grunde ereignet sich »Apokalypse now« – Vorerfahrung jener Wirklichkeit, zu der wir alle geführt werden sollen.

2. Das Geheimnis von Tod und Leben

Die Mitte und Wurzel dieser Erfahrung seiner Gegenwart aber ist das Ereignis des Kreuzes. Denn die Erfahrung von Emmaus hat einen spezifischen Kontext: den Tod Jesu am Kreuz.

Am Anfang meines Studiums der Theologie, und vor allem am Anfang meines Studiums über die Evangelien, prägte sich ein Satz in mir ein, den ich bis dahin nie gehört hatte: Die Evangelien sind Passionsgeschichten mit einer langen Einleitung. Mit anderen Worten: Es geht zentral und immer in den Evangelien um den Tod Jesu – und was er bedeutet. Es hätte ja auch alles zu Ende sein können: der Rabbi aus Nazareth wird – auf Klagen der priesterlichen Oberschicht – von Pilatus zum Tode verurteilt. Wie auch immer es gelungen ist, ihn zum Tode zu verurteilen, für die Juden war er gotteslästerlich, denn er stellte sich Gott gleich. Es gibt aber nur einen Gott – und deswegen der Vorwurf der Gotteslästerung.

Das geschah nicht das erste Mal – bestimmt auch nicht das letzte Mal, und trotzdem gewinnt dieser Tod ein ganz anderes Gewicht und eine andere Bedeutung. Denn die Auferstehung, seine neue und so andersartige Gegenwart, zwang zum Nachdenken über seinen Tod. Und plötzlich erschien alles in neuem Licht, sein ganzes Leben, aber eben auch sein Sterben.

Das fängt »am Abend vor seinem Leiden« an. Als Katholik feiern wir häufig, sonntags wie werktags, »Messe«. Und deren zentrale Mitte ist das Erinnern an dieses Geschehen des letzten Mahles Jesu mit seinen Jüngern:

Am Abend vor seinem Leiden nahm er das Brot in seine Hände, segnete es, brach es und reichte es seinen Jüngern mit den Worten: Nehmet und esset alle davon. Das ist mein Leib, der für euch hingegeben wird.

Ebenso nahm er nach dem Mahl den Kelch, dankte wiederum, reichte ihn seinen Jüngern mit den Worten: Nehmet und trinket alle daraus, das ist mein Blut, das für euch und für alle vergossen wird zur Vergebung der Sünden – tut dies zu meinem Gedächtnis. (2. Hochgebet)

Nichts hat – und das werde ich noch ausführlicher beschreiben – in der katholischen Glaubenswelt so viel Prägekraft wie die Feier der Liturgie, und besonders die Feier der Messe. Und hier ist es der zentrale Moment, der immer wiederholt und erinnert wird. Und er betrifft genau den Moment des Leidens und Sterbens. Direkt nach der Wiederholung des Abendmahlsberichts richtet sich der Vorsteher der Feier an die mitfeiernde Gemeinde und ruft ihnen zu: *Geheimnis des Glaubens* – und die Gemeinde antwortet: *Deinen Tod o Herr verkünden wir, und Deine Auferstehung preisen wir, bis du kommst in Herrlichkeit.*

Am Tag vor dem Leiden und Sterben feiert Jesus mit seinen Jüngern ein Mahl, bei dem er »deutet«, was Leiden und Sterben für ihn und für die Jünger bedeuten. Die Handlungen sind hochsymbolisch. Jesus hatte oft mit seinen Jüngern gegessen und getrunken. Und vor allem hatte er mit vielen Menschen auf diese Weise Gemeinschaft gesucht, die von allen anderen ausgegrenzt wurden: den »Zöllnern«, also korrupten Reichen, und Sündern – worunter alle zählen, die Gottes Geboten nicht folgen (unter anderem die Prostituierten). Und in der Tat, Essen und Trinken stiften Gemeinschaft, bezeugen Gleichheit und sind immer Zeichen für ein Fest schlechthin. In vielen Gleichnissen erzählt Jesus vom Essen und Trinken, vom Hochzeitsfest, von Festmählern – und jeder seiner Zuhörer und Mitfeiernden wusste, welche Bedeutung das hat, denn im Alten Testament ist das Szenario eines Festmahls ein Bild für die endzeitliche Sammlung des Gottesvolkes: *Der Herr der Heere wird auf diesem Berg für alle Völker ein Festmahl geben mit den feinsten Speisen, ein Gelage mit erlesenen Weinen, mit den besten und feinsten Speisen, mit besten erlesenen*

Weinen. Er zerreißt auf diesem Berg die Hülle, die alle Nationen verhüllt, und die Decke, die alle Völker bedeckt. Er beseitigt den Tod für immer ... (Jes 25, 6-8)

Für Jesus und für alle, die mit ihm waren, waren also die Mähler mit Zöllnern und Sündern ein wichtiges Symbol: Hier wird Gemeinschaft gestiftet und werden Grenzen aufgehoben – hier finden die Menschen mit Gott wieder neu zusammen, hier entsteht eine neue Gemeinschaft unter allen.

Aber hier nun, bei diesem letzten Mahl mit seinen Jüngern, das Jesus auch nur einmal so gefeiert hat, deutet Jesus dieses Mahl: Er schenkt sich ihnen, er gibt sich ihnen zu essen, zu trinken. Und Brot und Wein werden Zeichen für sein Leben, seine Hingabe für die Jünger, und für alle, damit keine Sünde mehr von Gott trennen kann. Weil hier, in dieser Hingabe, Sündenvergebung und Versöhnung geschieht, ist das Ereignis des Kreuzes eben nicht einfach ein brutaler Tod, der allerdings damals üblich war, sondern ein Handeln Jesu. Hier geschieht etwas ganz Neues.

Wir haben schon von den Visionen der endzeitlichen Zukunft gesprochen. Gott hatte immer vor, alle Menschen zu sammeln. Und im Alten Testament wurde immer mehr deutlich, dass die Frage, wie das geschehen konnte, sich zuspitzte in einem Gesandten, einem einzigartigen Messias. Bis auf wenige Andeutungen bei den Propheten hatte aber niemand je daran gedacht, dass diese endzeitliche Sammlung nicht durch ein machtvolles Handeln eines gottgleichen Königs geschehen müsste. Nun zeigt es sich vollkommen anders. Jesus ist einer, der sich allen zuwendet, sich auf alle einlässt – und dies so sehr, dass er jede Nacht, jede Dunkelheit, jede Gottferne sich zu eigen macht und sie auch wirklich erträgt und durchleidet. Paulus schreibt: *Er war Gott gleich, hielt aber nicht daran fest, Gott gleich zu sein, sondern er entäußerte sich, wurde wie ein Sklave, und den Menschen gleich. Sein Leben war das eines Menschen, er erniedrigte sich und war gehorsam bis zum Tod, bis zum Tod am Kreuz. (Phil 2, 5-8)*

Das wird deutlich in den Berichten von seinem Sterben. Das sind ja nicht nur Berichte, auch wenn im Hintergrund einiges Wissen um dieses historische Ereignis vorausgesetzt ist. Mich beeindrucken aber die Erfahrungen, die hier mitschwingen. Die Zeugen dieser Ereignisse erzählen davon, dass Jesus am Ende seines Lebens am Kreuz schreit und dabei Worte eines Psalms hörbar werden: *Mein Gott, mein Gott, warum hast du mich verlassen?* Er, der doch Gott so unendlich nah ist, der Sohn Gottes, erfährt absolute Ferne. Andere Evangelien berichten von der Nacht, die hereinbricht um die Todesstunde Jesu – und das will nichts anderes sagen, als dass Jesus hier eine »Gottesfinsternis« erlebt. Er, der die Nähe Gottes wie kein anderer in seinem Leben bezeugt, erfährt am eigenen Leib in seinem Sterben die Gottverlassenheit; er wird *zur Sünde*, wie es der 2. Korintherbrief ausdeutet.

Als seine Jünger die Erfahrung der Auferstehung machen, da wird ihnen klar, dass damit jeder Ort der Nacht, jede Dunkelheit, jede Katastrophe, jede Sünde umfasst ist von der Liebe Gottes, die eben bis ins Nichts geht, um von dort aus alles zu umfassen.

Ganz anders als man denken kann, in völliger Umkehrung menschlichen Denkens, geht hier Gott in seinem Sohn den Weg in die Nacht der Gottverlorenheit, damit von dort, von diesem tiefsten Punkt her, alles umarmt und versöhnt werden kann, was trennend und abgrenzend zwischen Gott und den Menschen liegen könnte. Dazu braucht es eben nicht »guter Taten« von Menschen, sondern eine unendliche Liebe der Hingabe Jesu Christi. Und so wird dem Menschen ein neuer Anfang geschenkt.

Für uns Katholiken vergegenwärtigt sich dieses Ereignis immer wieder in der Feier des Mahles, in der Messe. Es wiederholt sich nicht, aber es wird wirksame Wirklichkeit. Denn als Jesus das Mahl mit seinen Jüngern gefeiert hat, da hat er auch zu verstehen gegeben, was die Teilhabe an diesem Mahl bedeutet: Die Jünger haben Anteil an dieser Erfahrung der Gemeinschaft mit Gott: *Nichts kann uns scheiden von der Liebe Christi,* so ruft Paulus dann im Römerbrief.

Und wenn wir Katholiken dies jeden Sonntag, am Tag der Auferstehung feiern, dann ereignet sich hier jedes Mal neu, was damals am Kreuz geschehen ist – es erweist seine Wirkmacht bis heute: Wir werden gesammelt, wir werden ein Volk, eine Gemeinschaft, die aus der Gegenwart Christi lebt und sie bezeugt.

3. Söhne und Töchter des einen Vaters

Ich erinnere mich an das erste Mal. Es war im Bonner Münster. Nichtsahnend betrat ich – wie meine Mitschüler – zur Besichtigung diese Kirche. Sie ist weder besonders schön noch besonders hässlich. Aber kaum war ich eingetreten, da ereignete sich etwas ganz Besonderes für mich (ich glaube – auch nur für mich). Ich hatte den Eindruck, als würde mich eine Kraft umhüllen, als wäre da eine liebevolle Macht um mich, die mich meint, und mich zärtlich berührt. Ich war perplex. Was war das? Wer war das? Ich wollte die Kirche gar nicht mehr verlassen, so schön und einmalig war dieses Gefühl. Aber ich konnte nicht begreifen, was sich da ereignete. Bis heute kann ich mich ganz genau daran erinnern. Und ich denke, ich habe eine Erfahrung gemacht, wie sie ähnlich, aber viel stärker Jesus gemacht hat.

Es war seine entscheidende Erfahrung. Offensichtlich war Jesus jemand, der seinen Weg mit 30 Jahren noch nicht gefunden hatte. Und so begab er sich auf die Spur von Johannes des Täufers, der viele Suchende seiner Zeit durch die Konsequenz seiner Botschaft, die die Menschen zum Ursprung, zu Gott, zurückführte, begeisterte. Und der sie aufbrechen ließ ins gelobte Land. Deswegen hatte sich Johannes der Täufer eine Symbolhandlung überlegt: Die Leute tauchten im Jordan unter und stiegen wieder aus dem Jordan auf, um mit neuer Kraft für Gott das Leben zu beginnen. Auch Jesus tat das. Bei ihm aber geschah etwas Unerwartetes: *In jenen Tagen kam Jesus aus Nazareth und ließ sich von Johannes im Jordan taufen. Und als er aus dem Wasser stieg, sah er, dass der Himmel sich öffnete und der Geist wie eine Taube auf ihn herabkam. Und eine Stimme aus dem Himmel sprach: Du bist mein geliebter Sohn, an dir habe ich Gefallen gefunden. (Mk 1, 9-11)*

Von was für einer Erfahrung hat hier Jesus erzählt? Es war eine Erfahrung nur für ihn, aber eine, die sein Leben grundsätzlich veränderte. Gott spricht zu Jesus – so »deutlich« wie wohl niemals zuvor in seinem Leben. Und Jesus versteht, wer er ist. Er ist nicht nur ein Jude, ein Mensch – er ist das alles auch. Vor allem aber ist er *der Sohn*, der vom Vater geliebt ist. Die dichteste Beziehung, die man sich vorstellen kann und die Jesus mit keinem anderen Wort ausdrücken kann als etwa so: *Ich und der Vater sind eins. (Joh 10,30)* Das sagt etwas über Jesus aus. Gewissermaßen wird ihm in dieser Zusage zugesagt, wer er ist und was schon immer – seit seiner Geburt und schon davor – in ihm war. Und gleichzeitig wird Jesus deutlich, wer Gott ist. Er benutzt das Wort »Vater« und meint damit nicht einen biologischen Vater, sondern dass Gott ihm so nah ist, dass er seine Beziehung zu Gott nur mit dem Wort ausdrücken kann, das Kinder ganz spontan sagen. So nah, so untrennbar dicht.

Diese Erfahrung hat Jesus total erschüttert. Die Evangelien berichten davon, wie Jesus für 40 Tage in die Wüste geht. Natürlich wusste Jesus, dass Gott der Gott seines Volkes Israel war, dass er mit diesem Volk durch die Wüste gezogen war, dass er es befreite und immer wieder neue Anfänge mit ihm machte. Er wusste von den Propheten und von der Verheißung einer endzeitlichen Sammlung – aber hier kommt alles in ein neues Licht. Diese Nähe Gottes ist unfassbar, und sie ist nicht angesagt für ein abschließendes endzeitliches Ereignis, das niemand vorhersagen kann – sondern sie ereignet sich jetzt, hier, für ihn. In dieser intensiven Zeit der 40 Tage – die Schrift spricht von der Zeit der Versuchungen – wird Jesus noch mehr klar: Was er wie eine Berufung erlebt hat, das gilt nicht nur für ihn, sondern für alle Menschen in seinem Volk und darüber hinaus. Und er versteht nun auch, was seine Aufgabe ist, seine »Sendung«: allen zu sagen, dass es so ist, allen zu zeigen, was diese Nähe Gottes für sie bedeutet: dass sie nämlich geliebt sind, Söhne und Töchter Gottes – genau so wie er.

Als Jesus aus der Wüste kommt, hält ihn nichts mehr. Er geht los und erzählt, verkündet und handelt aus dieser Kraft und Wirklichkeit. Das ist die frohe Botschaft schlechthin, die er nun ausrichtet, in seinen Worten verkündet, in seinen Taten bezeugt. Und er lädt alle ein, seinen Weg mitzugehen, der mit dieser Botschaft der liebenden Nähe Gottes begonnen hat. Der Evangelist Markus fasst das so zusammen: *Nachdem man Johannes ins Gefängnis geworfen hatte, ging Jesus wieder nach Galiläa; er verkündete das Evangelium Gottes und sprach: Die Zeit ist erfüllt, das Reich Gottes ist nahe. Kehrt um und glaubt an das Evangelium. (Mk 1,14f.)*

Was er also sagen will: Die Botschaft, die er unbedingt sagen muss, liegt in der unglaublichen ankommenden Nähe Gottes. Es ist alles schon da, es hat alles schon angefangen. Ihr müsst nicht warten auf einen zukünftigen Tag, sondern im Hier und Jetzt gilt euch allen die Nähe Gottes und seine Liebe. Aber dafür braucht es eine Umkehr.

Das griechische Wort, das hier benutzt wird, heißt *metanoia*: Umkehr ist nicht zuerst moralisch, wie wir häufig denken, vielleicht aus der Geschichte unseres Christseins heraus, sondern es geht um eine völlige Neukonfiguration des Denkens, Handelns und Lebens. Ein grundlegender Mentalitätswechsel ist gemeint. Er lässt sich ungefähr so beschreiben: Gott ist nicht fern und ungewiss – sondern nah. Ihr seid nicht nur Geschöpfe Gottes, sondern seine »Kinder«. Lasst euch auf diese neue Perspektive ein.

Kein Zweifel, das ist kein leichter Weg, aber er ist faszinierend. Jesus beginnt, diese Perspektive zur Geltung zu bringen. Er ruft Menschen in seine Nachfolge, die allerdings lange Zeit brauchen, um zu verstehen, was dieser Paradigmenwechsel eigentlich meint. Und die Leute, denen er begegnet, die er heilt, denen er predigt – die verstehen manchmal etwas, manchmal aber auch nicht. Und immer mehr wird Jesus deutlich, dass sein Weg mit diesem nahen Gott in die Gottverlassenheit der Menschen gehen muss.

In diesem Licht wird noch einmal deutlich, wie zentral auf diesem ganzen Weg Kreuz und Auferstehung sind. Und wie absurd und abgrundtief schrecklich für Jesus die Erfahrung der Gottferne ist. Er, der Sohn, erfährt sich als Nicht-Sohn. Er, der doch immer aus der Fülle der Nähe Gottes lebte, erfährt nur Nacht.

Am Kreuz aber geschieht etwas, was Jesus mit all seinen Worten und Taten nicht wirken konnte: dass nämlich alle Menschen hineingenommen werden in die tiefe Nähe Gottes, umfasst werden von seiner Liebe, egal, was sie getan haben und was sie glauben – einer Liebe, die jeden Tod kennt, jede Sünde, jede Verlassenheit – und sie umarmt.

Kein Wunder, dass Ostern das zentrale Fest der Christen ist – und auch von uns Katholiken in einer ganz besonderen Weise gefeiert wird. Doch dazu später.

4. Lebensspender Geist

Der Evangelist Lukas erzählt von Jesu erstem öffentlichen Auftreten. Es war bei ihm, in seiner Heimatstadt Nazareth, am Sabbat in der Synagoge: *Als er aufstand, um aus der Schrift vorzulesen, reichte man ihm das Buch des Propheten Jesaja. Er schlug das Buch auf und fand die Stelle, wo es heißt: Der Geist des Herrn ruht auf mir; denn der Herr hat mich gesalbt. Er hat mich gesandt, damit ich den Armen eine gute Nachricht bringe; damit ich den Gefangenen die Entlassung verkünde und den Blinden das Augenlicht; damit ich die Zerschlagenen in Freiheit setze und ein Gnadenjahr des Herrn ausrufe. Dann schloss er das Buch, gab es dem Synagogendiener und setzte sich. Die Augen aller in der Synagoge waren auf ihn gerichtet. Da begann er, ihnen darzulegen: Heute hat sich das Schriftwort, das ihr eben gehört habt, erfüllt. (Lk 4,16-21)*

Atemlose Stille spürt man inmitten dieses Berichts. Erstaunen, weil doch alle ihn so lange kennen. Und das führt auch dazu, dass sie ihn fast zu Tode bringen wollen nach dieser Rede, in der Jesus thematisiert, was mit ihm bei der Begegnung mit Gott geschehen ist. In den Evangelien wird vom Geist berichtet, der sich auf ihm *in Gestalt einer Taube* niederlässt ... und bleibt, wie Jesus jetzt sagt: *Der Geist des Herrn ruht auf mir.*

Dieser Geist ist nichts Abstraktes. Er ist in unserer kirchlichen Tradtion der Vorantreibende, die Energie Gottes, das spürbare Antriebsmoment, die Kraft, aus der wir im Namen Christi handeln.

Ich erinnere mich an den Februar 2013, als wir im Bistum Hildesheim zusammen mit der evangelischen Landeskirche Hannover mit 1.300 Leuten einen Zukunftskongress »Kirche^2« veranstalteten. Auf die Frage des Moderators, was ich mir erwarte von diesem Treffen, kam mir spontan: »Ein norddeutsches Pfingsten«. Und so kam es in der Tat. Jeder Mensch merkt, wann der Geist Gottes da ist: Dann wird es kreativ, dann ist unbändige Energie da, die sich darauf richtet, für andere da zu sein; dann geschieht Leidenschaft für den Anderen, dann werden Kräfte geweckt und eingesetzt. Und dann wächst Gemeinschaft unter vielen.

Genau das, was mit Jesus passiert ist. Es ist dieser Geist, dieser »Atem Gottes«, seine »energetische Lebensatmosphäre«, die dann einen Menschen ganz in Beschlag nimmt und ihn mitreißt in Gottes Weg. Jesus Christus ist Gottes Sohn, weil dieser Geist ihn ganz durchdringt.

Das wird in den Evangelien deutlich. Jesus ist innerlich voll dieses Geistes, und dieser Geist verbindet ihn zutiefst mit Gott, dem »Vater«. Und es geht letztlich um diesen Geist und um die Frage, wie auch wir diesen Geist empfangen können, selbst »getrieben« durch diesen Geist sein können, und also entdecken können, welches unser eigener spezifischer Weg ist.

Das Neue Testament verbindet diese Frage mit dem Geheimnis von Tod und Auferstehung Jesu. Am deutlichsten wird dies in der Beschreibung des Todes Jesu bei Johannes: *Danach, als Jesus wusste, dass nun alles vollbracht war, sagte er, damit sich die Schrift erfüllte: Mich dürstet. Ein Gefäß mit Essig stand da. Sie steckten einen Schwamm mit Essig auf einen Ysopzweig und hielten ihn an seinen Mund. Als Jesus von dem Essig genommen hatte, sprach er: Es ist vollbracht. Und er neigte das Haupt und gab seinen Geist auf. (Joh 19, 28-30)*

Eine etwas rätselhafte Szene. Man merkt sofort: Hier geht es nicht nur um eine Beschreibung, sondern auch um eine deutende Erfahrung. Zum einen ruft Jesus und hat Durst. In der Logik des Evangeliums nach Johannes ist dies der unbegreifliche Moment tiefster Verlassenheit Jesu. Der Geist war immer mit ihm, er war unerschöpfliche Quelle des Lebens, *lebendiges Wasser*. Die ist nun versiegt für ihn. Was bei den anderen Evangelisten der Schrei der Verlassenheit ist, von dem wir oben erzählt haben, das ist hier der qualvolle Ausruf: *Mich dürstet*. Die Quelle des Lebens ist vertrocknet, für Jesus. Und das ist der Tod. Er aber stirbt, *und gab seinen Geist auf*. Auch das ist mehr als ein beschreibendes Wort. Es ist eben diese Quelle des Lebens, jener Geist Gottes, den Jesus nicht mehr für sich hat, sondern *aushaucht*. Und damit wird dieser Geist nun wirken in der Welt, und diese Welt ist kein gottloser Ort, sondern geist- und gottvoll.

Das wird sehr sichtbar, wenn dann der auferstandene Christus den Jüngern erstmalig begegnet. *Am Abend dieses ersten Tages der Woche, als die Jünger aus Furcht vor den Juden die Türen verschlossen hatten, kam Jesus, trat in ihre Mitte und sagte zu ihnen: Friede sei mit euch ... Da freuten sich die Jünger, dass sie den Herrn sahen. Jesus sagte noch einmal zu ihnen: Friede sei mit euch! Wie mich der Vater gesandt hat, so sende ich euch. Nachdem er das gesagt hatte, hauchte er sie an und sprach zu ihnen: Empfangt den Heiligen Geist! Wem ihr die Sünden vergebt, dem sind sie vergeben; wem ihr die Vergebung verweigert, dem ist sie verweigert. (Joh 20, 19-23)*

Eine ungeheuer spannende Aussage: Das Erste, was der auferstandene Christus seinen Jüngern schenkt, ist der Friede. Und das ist mehr als eine Formel. Hier steckt eine schöpferische Ansage. Nur zur Erinnerung: Durch das Wort, das Gott spricht, geschieht die Wirklichkeit, die in dem Wort steckt. Wenn also Christus, der Sohn, nun seinen Jüngern den Frieden zusagt, dann ist damit eigentlich die Erfahrung gemeint, die seine Jünger machen dürfen. Es ist kein Friede, der Abwesenheit von Krieg meint, sondern der »Schalom«, jene Wirklichkeit, in die Gott alle Menschen führen will – seine beziehungsstiftende und Frieden schenkende Nähe, und dieser Frieden stiftet Gemeinschaft zwischen allen.

Hier geht es um Jesu Wort von der Gabe des Geistes. Er haucht die Jünger an und schenkt ihnen den Geist Gottes, seinen Geist – und stellt sie damit in jene Sendung hinein, in der er selbst steht. Dieser Geist ruht nun auch auf ihnen, und er hat nur einen einzigen Sinn: Die Jünger sind gesandt, durch diesen Geist Vergebung und Versöhnung zu stiften. Dieser Geist ist ja nicht etwas, was einen dazu führen könnte, sich immer wieder neu zu entscheiden, ob man vergibt und versöhnt oder nicht. Jesus erinnert seine Jünger daran, dass es nun in ihrer Hand liegt, diese Sendung fortzuführen. Mit diesem Geist erfüllt sollen sie den Geist der Versöhnung allen Menschen teilgeben und niemanden auslassen.

Die ersten Christen waren sich dieser tiefen Wirklichkeit immer bewusst. Die Erfahrung der jungen Kirche hat Paulus immer wieder aus der Perspektive des Geistes gelesen. Das war für ihn vielleicht das wichtigste. Es macht den Christen aus, diesen Geist empfangen zu haben. Denn dieser Geist macht Menschen zu Kindern Gottes, dieser Geist schenkt Menschen eine Liebe ins Herz, die sie nicht aus sich haben, dieser Geist ist erfahrbar im Frieden, in der Liebe, in der Güte des Menschseins, dieser Geist schenkt Gemeinschaft unter solchen, die sonst nie zusammen wären – dieser Geist sammelt und verbindet, schenkt Kraft und führt ins Leben. Wer die Paulusbriefe nur ein wenig quer liest, dem wird deutlich, dass die ersten Christen hier nicht über eine Theorie redeten, etwas Abstraktes, eine Ideologie – sondern dass sie deutlich spüren konnten, was dieser Geist in ihnen bewirkt, wie er sie »lebendig« macht. Man kann deutlich sagen: Ohne diesen Geist ist das Christsein nur Struktur, nur Institution, nur ferner Abglanz leidenschaftlichen Lebens.

Und wenn das manchmal so scheint, dann wird deutlich: Christsein als Lehre, Christsein als Zugehörigkeit zu einem religiösen Verein, und sei er noch so heilig, ist nicht attraktiv. Erst wenn es lebendig wird, wenn Kraft und Energie, wenn Liebe und leidenschaftlicher Einsatz für andere erfahrbar werden, dann ist es lohnend und sinnvoll. Möglicherweise besteht eine Krise der Kirche immer dann, wenn dieser Geist nicht mehr erfahrbar wird, sondern nur noch behauptet wird, dass er da sei.

Und die Geschichte des Geistes reicht noch weiter. Ich erinnere mich an ein altes Gebet, das wir in unserer Kirche beten. Es ist die Bitte um die Sendung des Geistes: *Sende aus deinen Geist, und alles wird neu geschaffen, und du wirst das Angesicht der Erde erneuern.* So stand es über dem Altarraum des alten Hildesheimer Doms vor seiner Renovierung. Das ist ein geradezu zentrales Gebet. Denn es macht eine Sehnsucht deutlich, die wir als Christen immer haben. Der Geist ist nicht Privateigentum der Kirche. Wie es Gott, so haben wir weiter oben beschrieben, immer um alle Menschen geht und um seine Sehnsucht, alle in seiner Gegenwart zu einen, so kann das Gebet der Christen nicht anders, als in dieselbe Richtung zu zielen: Es geht um alles, es geht um die ganze Schöpfung und ihre Erneuerung. Und wenn wir darum beten, dass dies geschieht, wissen wir auch, dass es eigentlich schon Wirklichkeit ist und immer wieder erinnernd vergegenwärtigt werden soll.

In dieser Welt, in all ihrer Ambivalenz und Zerrissenheit, ist dieser Geist schon kräftig am Werk. Der Geist ist kein innerkirchliches Phänomen, er ist überall da, wo Menschen lieben, wo Menschen leidenschaftliche Solidarität leben, wo sie trösten, helfen, mitwirken am Aufbau einer *Zivilisation der Liebe*, wie es Papst Johannes Paul II. einmal ausgedrückt hat. Es ist weniger wichtig, ob dies alles auch dann so benannt wird, sondern wichtiger ist es, die Frucht dieses Geistes im Leben der Menschen – in großen wie kleinen Kontexten – erkennen zu können. Dies ist eigentlich das Spannendste. Dass nämlich das Christsein wesentlich katholisch angelegt ist – allumfassend eben: Es geht nicht darum, Sekten und Kirchen zu bilden, die sich von der Welt abgrenzen, sondern immer wieder zu entdecken, wo dieser Geist Gottes wirkt und Früchte bringt – und dafür zu sorgen, dass von hier aus Zukunft gestaltet wird.

Mich hat in diesem Zusammenhang ein Text berührt, der für meine katholische Kirche sehr bedeutsam ist. Im Konzil, über das wir am Ende dieses Buches noch sprechen werden, haben die Konzilsväter diese eben beschriebene Aufgabe als Grundanliegen der Christen formuliert. In dem Dokument »Gaudium et Spes – Über die Kirche in der Welt von heute« liest man in Nr. 11: *Im Glauben daran, dass es vom Geist des Herrn geführt wird, der den Erdkreis erfüllt, bemüht sich das Volk Gottes, in den Ereignissen, Bedürfnissen und Wünschen, die es zusammen mit den übrigen Menschen unserer Zeit teilt, zu unterscheiden, was darin wahre Zeichen der Gegenwart oder der Absicht Gottes sind.*

5. Der Geist und das Werden der Kirche

»Ein norddeutsches Pfingsten«, hatte ich, wie gesagt, gehofft, als wir am Anfang des Kongresses Kirche[2] standen. Und so war es dann auch. Nach drei Tagen intensiven Austausches war uns, als sei in Erfüllung gegangen, was wir erträumt hatten. Wie kam es, dass so viele Menschen der unterschiedlichen Konfessionen und unterschiedlicher kirchlicher Grunderfahrungen sich verbunden fühlten und beseelt mit einem Geist des Aufbruchs – und nicht mit dem Geist der Verzagtheit, des Murrens und der wechselseitigen Kritik? Das war wirklich ein kleines Wunder, und es war wunderschön.

Und natürlich war es nicht die erste Erfahrung dieser sammelnden und Gemeinschaft stiftenden Energie, die wir Heiliger Geist nennen. Ich erinnere mich an so viele Momente, an so viele Erfahrungen, in denen das sammelnde Wirken dieses Geistes so nah und so erfahrbar wurde.

Ich erinnere mich an die erste Reise, die ich mit einer Jugendgruppe als Pfarrer unternommen habe. Wir fuhren – natürlich! – nach Rom, wo ich die meiste Zeit meines Studiums verbracht hatte. Es war eine kleine Katastrophe. Keinerlei Beziehung wuchs zwischen den Jugendlichen, jeder und jede machte seins – eine ätzende Atmosphäre. Bis zum letzten Abend. Da hatte eine Gruppe italienischer Jugendlicher, mit denen ich früher viel gemeinsam gemacht hatte, uns eingeladen zu einem Abend und zum gemeinsamen Essen und Austauschen. Dieser Abend war pfingstlich. Denn auf einmal wandelte sich die Atmosphäre total. Auf einmal entstand Gemeinschaft, wuchs Zusammengehörigkeit. Es entstand genau das, was ich mir gewünscht hatte, aber nicht machen konnte. Und alle »meine« Jugendlichen wollten gar nicht mehr weg. Sie waren auch von dieser Erfahrung total geflasht und berührt. Es war ... wie Pfingsten.

In der Apostelgeschichte wird das Werden der ersten Kirchenerfahrung genau so beschrieben. Hier ist es ein machtvoller Geist, der wie Feuer auf die Jüngerinnen und Jünger herabkommt und sie total verwandelt. Aus ängstlichen Leuten, die nach Jesu Tod keinen weiteren Schritt mehr wagen und nicht mehr aus ihrem Haus herausgehen, werden mutige Verkünder. Und das Wunder ist: Alle verstehen sie in ihrer Sprache, obwohl doch die Jünger nur in ihrer Heimatsprache reden können.

Was hier beschrieben ist, macht deutlich, dass »Kirche«, also das Wirklichwerden der Sammlungsbewegung Gottes, kein Produkt genialer Marktstrategien ist, sondern schlicht immer dann, wenn es sich ereignet, ein Wunder ist. Menschen werden ermutigt und beseelt durch einen Geist und fangen an, sich in Gemeinschaft zu verbinden.

Es ist keineswegs verwunderlich, wenn dieses grundlegende kirchenformende Ereignis des Geistes immer wieder in den Blick gerät, wo neue Aufbrüche und Gemeinden, wo neue Kirchenbildungen sich ereignen. Immer wieder wird dann jener Text aus der Apostelgeschichte zitiert – er ist so etwas wie eine »Grundurkunde« dessen, was Kirche meint. Ihr geht meistens eine Verkündigung voraus. Das Evangelium wird erzählt – aber, und das ist wichtig und zentral: Es kommt auch an, es wird wirksam. Das wiederum ist keine selbstverständliche Automatik, sondern gewissermaßen Zugabe dieses Geistes, der Menschen von innen anrührt:

Als sie das hörten, traf es sie mitten ins Herz, und sie sagten zu Petrus und den übrigen Aposteln: Was sollen wir tun, Brüder? Petrus antwortete ihnen: Kehrt um und jeder von euch lasse sich auf den Namen Jesu Christi taufen zur Vergebung der Sünden; dann werdet ihr die Gabe des Heiligen Geistes empfangen .... Die nun, die sein Wort annahmen, ließen sich taufen ... Sie hielten an der Lehre der Apostel fest und an der Gemeinschaft, am Brechen des Brotes und an den Gebeten ... Und alle die gläubig geworden waren, bildeten eine Gemeinschaft und hatten alles gemeinsam. Sie verkauften Hab und Gut und gaben davon allen, jedem so viel wie er nötig hatte. Tag für Tag verharrten sie einmütig im Tempel, brachen in ihren Häusern das Brot und hielten miteinander Mahl in Freude und Einfalt des Herzens. (Apg 2, 37-46) Und etwas später liest man: Die Gemeinschaft der Gläubigen war ein Herz und eine Seele. Keiner nannte etwas von dem, was er hatte, sein Eigentum, sondern sie hatten alles gemeinsam. Mit großer Kraft legten die Apostel Zeugnis ab von der Auferstehung Jesu, des Herrn, und reiche Gnade ruhte auf ihnen allen. (Apg 4,32-33)

Das wirkt total idealisiert. Und wer die Apostelgeschichte liest, der weiß auch, dass es gerade in diesem Zusammenhang massive Probleme gab. Wer dann noch die Paulusbriefe liest, die alle an junge Gemeinden gerichtet sind, der erahnt, was für Probleme und Schwierigkeiten sich von Anfang an ergaben: Diese Gemeinschaft von Menschen, die alle aufgrund innerer Berührung zusammenkamen, war offensichtlich ein großes und ständiges Krisengebiet.

Warum also wurde dann in der Apostelgeschichte die erste Kirche so idealisierend beschrieben? Ich würde sagen: weil alle diesen Geist so stark erfuhren, dass in ihnen diese Wirklichkeit als die tiefste Erfüllung ihrer Sehnsucht aufschien und sie das auch innerlich als den Sinn ihrer Umkehr und ihres neuen Lebensstils erfuhren. Das war die tiefste Wirklichkeit, die sich ihnen zeigte – auch wenn die alltägliche Lebenswirklichkeit oft sehr klein und zerbrechlich war.

Ich kann mich erinnern an »Anfänge« in meinem Leben, wo ich das ebenso gespürt habe: die tiefe Verbundenheit in einem neuen Geist, die Leidenschaft, sich ganz dafür einzusetzen, eine Gnade des Anfangs, die tiefer sehen ließ, eine Leidenschaft für das Evangelium – all das waren Gründe, sich ganz auf das Evangelium und die Gemeinschaft einzulassen, auch wenn es danach ein langer Weg war, ein Lern- und Umkehrweg. Offensichtlich wissen sich Kirchenaufbrüche aller Richtungen immer wieder mit dieser Ur-Kunde verbunden. Und zu Recht, denke ich. Es ist Wirklichkeit, erlebter Aufbruch – und Ziel zugleich.

Es ist einfach eine andere Denkstruktur. Sie lebt nicht davon, dass man irgendwann einmal ein Ziel erreicht, wenn man sich genügend angestrengt hat. Nein, was man Kirche nennt, ist ein Geschenk des Geistes, das Menschen verbindet. Und gleichzeitig ist dieses Geschenk der Anfang einer Weggeschichte, ist nicht einfach festhaltbar, aber sie schenkt Orientierung für die vielen Lernschritte, die dann auf uns warten.

Ganz offensichtlich ist es so, dass nicht nur in einer Generation, sondern durch die Zeiten hindurch diese Grunderfahrung einer Gemeinschaft im Geist Christi so viel Umkehr bedeutet, dass jede Kirchenwirklichkeit in der Tat sehr fragil und »auf dem Weg« ist, durch Blindheit und schuldhaftes Versagen hindurch: Kirche gibt es offensichtlich nur im immer neuen Werden und im immer neuen Neuwerden. Wie kann es überhaupt sein, dass die Kirche, und dass die katholische Kirche, die Schwäche und Fragilität überleben konnte?

NACHBEMERKUNG

Diese beiden biblischen Ouvertüren sind nicht einfach nur ein Längsschnitt durch die große biblische Tradition. Sie sind eher und vielmehr Grundlegung. Christsein und Christwerden ist ja verwurzelt in der Heiligen Schrift, und alle Konfessionen gründen in der Botschaft des Alten und des Neuen Testaments. Alle haben Christus zum Fundament.

Und gleichzeitig ist es so, dass sich von dieser Grundlegung her die verschiedenen Traditionen nachvollziehen lassen. Und deswegen habe ich versucht, gewissermaßen einige »rote Fäden« sichtbar zu machen. Sie sind wichtig für das, was ich jetzt mit Liebe und Leidenschaft beschreiben möchte: die große Tradition meiner katholischen Kirche. Tradition meint ja hier nicht etwas, was beliebig dazugekommen ist. Ganz im Gegenteil – Tradition ist alles andere als beliebig. Man könnte sagen: Die Tradition ist die Weise, wie diese Fäden im Leben und in der Erfahrung der Gläubigen weitergewebt und gesponnen wurden. Was in der Schrift grundgelegt ist, das musste sich in jeder Zeit in der Erfahrung der Gläubigen neu entfalten. Deswegen sind ja zwei Wege auch nicht gangbar: Auf der einen Seite darf es keinen Fundamentalismus geben, der alle durch die Zeit gewachsenen Formen für unbiblisch hält, weil sie sich damals noch nicht gefunden haben. Das ist ungeschichtlich und übersieht, dass das Evangelium nicht die Weitergabe einer vergangenen Lehre aus jüdischer Zeit ist, sondern eine Leben stiftende Erfahrung mit dem auferstandenden Herrn, der auch heute bei uns ist und wirkt. Und natürlich gilt auch umgekehrt: Eine solche gewachsene Erfahrung des Lebens aus dem Evangelium braucht immer wieder Erneuerung aus der Kraft der Schrift, sonst bleibt sie einfach nur leere Form: Das wäre ein Traditionalismus, der der Gegenwart nicht angemessen ist. In diesem Geist möchte ich jetzt einige meiner Traditionen erschließen, immer im Blick auf das Evangelium und die »roten Fäden« der Schrift, die sich uns schon gezeigt haben.

KAPITEL II

Katholische Kompositionen

Eigentlich ist es ganz einfach, »katholisch« zu erklären. Man muss sich nicht lange fragen, über was man erzählen soll, denn es gibt einfach »typische« Themen, die alle auch mit typischen Gedankengängen verknüpft sind. Die großen Themen sind – so denke ich – klar: Eucharistie und Messe, Maria, die Heiligen und der Papst. Daran knüpfen sich viele andere: die Sakramente, vor allem die Beichte, die Ordensgemeinschaften, die Volksfrömmigkeit und die Wallfahrten, aber auch die Fragen der Hierarchie und des Priestertums, weiter natürlich auch kontroverse Themen wie Ablass und damit der Zusammenhang von Fegefeuer und Hölle.

Und schließlich gibt es da noch Specials – wie etwa den Rosenkranz, Weihrauch, das Knien, das Weihwasser. Katholisch zu sein – genauer: römisch-katholisch zu sein – ist eine ganz eigene Welt. Aber vielleicht gelingt es ja, den einen oder anderen Teil in ein helles Licht zu rücken und so einen Zugang zu dem Reichtum dieser Tradition des Evangeliums zu ermöglichen.

Das will ich hier nicht theoretisch versuchen. Dafür gibt es schon viele Bücher, und natürlich auch den Katechismus der Katholischen Kirche. Wer weiterforschen will, dem stehen ganze Bibliotheken zur Verfügung. Damit ist auch klar, dass es gute und tiefe Vernunftgründe gibt, die man ausleuchten könnte. Denn Katholiken sind ja nicht auf den Kopf gefallen. Dennoch: Mein Zugang ist nicht akademisch, nicht enzyklopädisch, sondern orientiert sich an Erfahrungen. Ich möchte einfach erzählen und darüber nachdenken, was mir dieser katholische Kosmos bedeutet. Im Hintergrund steht selbstverständlich mein theologisches Wissen. Aber dort stehen eben vor allem Erfahrungen, die mich fasziniert haben und immer noch tiefer faszinieren. Sie geben dann auch zu denken, sind aber vor allem ganzheitliche Vollzüge mit Herz, also mit Gefühl und mit Verstand.

1. Messe feiern

Eine kleine Einführung

Eines Montags berichtet der Kollege seinen MitarbeiterInnen, dass er jetzt immer sonntags in die Messe geht. »Was tust du?«, fragen sie verblüfft. »Ja, ich gehe jetzt jeden Sonntag. Das ist schon ein wenig komisch«, sagt der Kollege, »ich weiß eigentlich auch nicht, was die da so machen: sie stehen und sitzen, dann knien sie auch. Ich mache das alles einfach so mit. Aber der interessanteste Moment ist immer dann, wenn so ein Körbchen durch die Reihen geht … und jeder nimmt sich dann die Geldsumme aus dem Körbchen, die er will …«

Dieser Insiderwitz macht einiges deutlich. Vor allem ist klar, dass es bei der Kollekte ja nicht um Geldverteilung, sondern um das Spenden geht. Aber es wird noch viel mehr deutlich: Die Messe scheint ziemlich kompliziert zu sein. Nicht einfach ein Gottesdienst, sondern ein komplexer Handlungszusammenhang. Über Jahrhunderte ist diese »Liturgie« – so nennt man den Ablauf von Gottesdiensten im fachkatholischen Slang – um ihren Kern herum gewachsen, der Feier des Herrenmahles. Sie wurde immer wieder erneuert, zum letzten Mal vor über 50 Jahren. Manche katholischen – oder eher traditionalistischen – Kreise würden behaupten, dass es nur die *eine* Messe durch die verschiedenen Jahrhunderte gab. Das stimmt insofern, dass die Kernvollzüge immer die gleichen waren – aber es gab und gibt Veränderungen, die mit Kulturen und Kontexten zusammenhängen, aber auch mit tieferen Einsichten. Ich möchte von der Messe erzählen, die ich immer tiefer erfahre und mitfeiere, auch als Vorsteher, als Priester.

Zunächst und vor allem muss man Folgendes sagen: Es gibt wahrscheinlich kaum etwas, das Christen so prägt wie das Mitfeiern von Gottesdiensten, vor allem dann, wenn sie nicht an einem vorbeilaufen und »langweilig« sein werden. Und das ist deswegen spannend, weil nämlich in einem Gottesdienst wie in einem Brennpunkt all das zusammenkommt, was die Kirche zutiefst selbst ist, was sie selbst glaubt. Dafür gibt es eine schöne lateinische Kurzformel: *lex orandi – lex credendi.* Auf Deutsch gesagt: So, wie wir miteinander beten, drückt sich unser Glauben und unser Selbstverständnis aus. Man kann also in der Mitfeier eines Gottesdienstes gewissermaßen von innen her erfahren, was die Kirche ist, wozu sie da ist, was sie ausmacht. Und weil sie ein »Ereignis« ist, in dem alle Sinne angesprochen werden, in dem man singt, betet, Stille hält, Weihrauch riecht, eine Orgel und Klingeln hört, in dem man isst und trinkt – und weil sie oft in einem sehr eindrucksvollen einzigartigen Kirchenraum geschieht, prägt sich hier viel mehr ein als durch einen sich wiederholenden Ablauf eines Ritus. Hier stellt sich dar, was wir meinen, was Kirche ist.

Hauptwort Partizipation

Aber so ganz einfach ist das nicht. Es will erschlossen werden. Dabei ist ein erster wichtiger Erkenntnisschritt zu vollziehen. Manchmal scheint es so, als sei ein Gottesdienst die Sache des Priesters, oder doch: der Leute, die vorne, wo der Altar steht, mitwirken. Und die anderen seien die Besucher der Messe.

In der Tat wird oft so geredet. Der Priester »liest« oder »sagt« die Messe, das Volk »hört mit Andacht« zu, und dann wirkt alles in der Tat so wie auf einer Bühne, auf der ein mystisches Schauspiel aufgeführt wird, das kaum jemand versteht. Das hat seine geschichtlichen Hintergründe. Vor nicht langer Zeit schien es nämlich so zu sein. Die Messe wurde in Latein gehalten, ein heiliges Geheimnis, das der Priester vollzog und zelebrierte – und das Volk konnte es betend und staunend mitvollziehen, wenn es denn die Sprache verstand. Aber eigentlich war entscheidend, was der Priester dort machte und tat, vor allen anderen und für sie vor Gott stehend.

Seit dem II. Vatikanischen Konzil ist hier ein Wandel eingeleitet worden. Entscheidend war hier ein Rückgriff auf die große Zeit der griechischen Liturgie seit dem 3. Jahrhundert, wo ein ganz anderes Verständnis der liturgischen Feier leitend war. Entscheidend war aber auch, dass es nun möglich wurde, dass die Messfeier in der jeweiligen Muttersprache gefeiert wurde, was schon vor diesem Konzil Schritt für Schritt durch eine liturgische Erneuerungsbewegung vor allem in Frankreich und Deutschland vorbereitet worden war.

Aber damit wurde ein anderer Akzent dieser Feier unterstrichen: Es ist die Feier des gesamten Gottesvolkes, und es kommt entscheidend darauf an, dass alle, die dabei sind, auch Mitfeiernde sind. Es gibt nicht »Aktive« und »Passive« – es ist das Volk Gottes als Ganzes, das diese Feier zelebriert.

Das Konzil drückt das so aus: *Die Mutter Kirche wünscht sehr, alle Gläubigen möchten zu der vollen, bewussten und tätigen Teilnahme an den liturgischen Feiern geführt werden, wie sie das Wesen der Liturgie selbst verlangt und zu der das christliche Volk, das auserwählte Geschlecht, das königliche Priestertum, der heilige Stamm, das Eigentumsvolk (1 Petr 2,9; vgl. 2,4-5) kraft der Taufe berechtigt und verpflichtet ist. Diese volle und tätige Teilnahme des ganzen Volkes ist bei der Erneuerung und Förderung der heiligen Liturgie aufs Stärkste zu beachten, ist sie doch die erste und unentbehrliche Quelle, aus der die Christen wahrhaft christlichen Geist schöpfen sollen. (Sacrosanctum Concilium 14)*

Das Wichtigste steht am Schluss. Die liturgische Feier soll erste Quelle sein, aus der Christen genährt werden für ihr christliches Leben – und wenn das so sein soll, dann braucht es nicht nur ein

»Irgendwie-Dabeisein«, sondern eben eine *volle und tätige Teilnahme des ganzen Volkes.*

Das Konzil sagt hier auch, dass dies deswegen verlangt ist, weil es hier um eine Ausdrucksform des Volk-Gottes-Sein geht: Hier zeigt sich, was Kirche ist. Das ist schon einmal sehr herausfordernd und gibt zu denken. Wenn nämlich der Eindruck entstehen sollte – und das ist gar nicht so selten –, dass »der Priester die Messe macht«, ist deutlich unterboten, was hier eigentlich gedacht ist – und macht noch viel mehr deutlich, was in einem solchen Fall die Kirche wäre: nämlich ein Ort, wo Priester etwas zu sagen haben – und die anderen dürfen mitmachen, bestenfalls. Das Konzil sieht das grundlegend anders und hat Liturgie umfassender angelegt. Niemand stellt den spezifischen Dienst des Priesters als Vorsteher in seiner Bedeutung in Frage, aber klar ist auch, dass die Liturgie, und vor allem die Messe, Ausdruck des Glaubens aller ist, und alle das Recht und die Pflicht haben, daran mitzuwirken. Dahinter steht ein Kirchenverständnis, das die Kirche nicht zuerst in einem »Oben-Unten«, in einem »Aktiv-Passiv« von Priestern und Laien sieht, sondern als gemeinsame Wirklichkeit des gesamten Volkes Gottes, das dazu berechtigt und verpflichtet ist durch die Taufe.

So weit in der Theorie. Aber auch ganz praktisch ist dies erfahrbar, wenn man so die Messe mitfeiert. Wenn nämlich wirklich das ganze Volk mitfeiert, mitsingt, an verschiedenen Diensten teilhat, betet, dann zeigt sich eben jene dichte Erfahrung der Gegenwart des Auferstandenen, aus der diese Feier lebt. Dann wird auch klar, warum diese Feier in der katholischen Kirche nicht schlichtweg »Abendmahl« oder »Gottesdienst« genannt wird, sondern »Eucharistiefeier« – Feier des Dankes für seine wirksame Gegenwart. Wir kommen zusammen, um Dank zu sagen, und werden zugleich neu beschenkt … Dem wollen wir jetzt Schritt für Schritt folgen.

Wann beginnt die Messe?

Ganz von Anfang meines Priesterseins an habe ich die Messe so gefeiert, wie ich sie immer erlebt hatte und auch oft noch erlebe. Die Tür der Sakristei – des Ankleide- und Vorbereitungsraums der Mitwirkenden – geht auf. Eine Glocke klingelt, und in einer kleinen Prozession bewegen sich der Priester und seine Helfer – katholisch nennt man sie oft Ministrantinnen und Ministranten – zu ihren Plätzen. Sie machen eine Kniebeuge vor dem Altar, der Priester küsst den Altar, und wenn er an seinem Platz angekommen ist und das Eröffnungslied zu Ende ist, dann sagt er: »Wir beginnen unseren Gottesdienst im Namen des Vaters und des Sohnes und des Heiligen Geistes«. Und die Gemeinde erwidert: »Amen«. So habe ich es auch immer gemacht. Bis ich – ich war Pfarrer in einer Pfarrei in der Nähe von Bremen – zusammen mit Interessierten einmal intensiver eingestiegen bin in die Zeichenhandlungen der Messfeier. Wir wollten die Feier tiefer verstehen, um sie intensiver und engagierter mit allen feiern zu können.

Und mir gingen einige Kronleuchter auf. Ich verstand vor allem, dass das, was ich so selbstverständlich als den Beginn der Feier verstanden hatte, gar nicht so war. Wenn man nämlich die liturgischen Anweisungen ein wenig studiert, dann findet man dort folgenden Hinweis: Die Messe beginnt mit der Versammlung der Gemeinde. Also nicht erst dann, wenn der Priester das Kreuzzeichen schlägt, sondern schon viel früher! Das Sich-Versammeln ist der entscheidende Vollzug für den Anfang der Feier. Es ist also nicht eigentlich ein Moment, in dem die Feier beginnt. Es ist ein Vollzug. Menschen kommen zusammen, sie wissen sich gerufen, als Gemeinschaft zu feiern.

Man kann sich das auch sehr ausgestaltet vorstellen. Nach einer Woche, in der man sich häufig nicht gesehen hat, kommt man wieder zusammen. Eigentlich könnte man sich vorstellen, dass es da sehr viel zu erzählen gibt. Menschen haben wichtige Erfahrungen gemacht, andere trauern um einen Verstorbenen aus ihrer Nachbarschaft, wichtige lokalpolitische Entscheidungen sind gefallen und Initiativen der Gemeinschaft haben stattgefunden. Nun kommen wir wieder zusammen. Müsste man nicht zuerst einmal davon erzählen? Bräuchte es einen Raum des Dankens, Erzählens und Teilens? Ich habe das in anderen Kontinenten in katholischen Gemeinden so erlebt, vor allem dort, wo nicht so oft ein Priester am Sonntag ist. Da hatte man viel Zeit, vorher wie nachher, um sich zu treffen, zu essen, zu palavern und zu teilen. Vielleicht müssen wir dafür noch eine Form finden ...

Auch der Priester und die Ministranten und Dienste der Lektoren, Kantoren und anderer gehören zu diesem Sich-Versammeln. Deswegen ist es auch irreführend, den Eindruck zu erwecken, dass alles erst beginnt, wenn die Tür zur Sakristei aufgeht und die Glocke ertönt. In einer der Pfarreien haben wir es deswegen so gemacht, wie es das innere Bild dieser liturgischen Feier auch denkt: Während die Gläubigen sich versammeln, kommen auch schon alle Beteiligten mit dem Vorsteher hinten in der Kirche zusammen. Wenn alle sich dort versammelt haben, beginnt der Gottesdienst, und der Vorsteher und alle Dienste ziehen von hinten ein. Das zeigt an: Sie kommen nicht von woanders her, sie kommen aus der Gemeinschaft und tun jetzt ihren Dienst. Damit hat der Gottesdienst begonnen und das Kreuzzeichen ist gewissermaßen die besiegelnde und vollendende Handlung dieses Beginns.

Der Herr ist unter uns – die Vergegenwärtigung der Situation

Sie führt weiter mit einem Gruß: »Der Herr sei mit euch«, und dann antwortet die Gemeinde: »Und mit deinem Geist«. Viermal wird dieser Gruß in der Feier ausgesprochen. Jetzt zu Beginn zum ersten Mal. Dann muss er wohl besonders wichtig sein. Und in der Tat: Er vergegenwärtigt die Situation und den Raum, in dem wir alle nun zu stehen gekommen sind.

Wir haben in den biblischen Ouvertüren immer wieder von einer Grundlinie der Botschaft der Schrift gesprochen. Wir haben von Gott gesprochen, der inmitten seines Volkes gegenwärtig sein will. Immer dichter – als der *ich bin da* hatte er sich Moses vorgestellt, aber im Neuen Testament wurde daraus der Emmanuel, der *Gott mit uns*, der immer dann da ist, wenn zwei oder drei sich in seinem Namen versammeln. Diese Gegenwart Gottes ist entscheidend. Sie ist nicht nur liturgisch, in der Feier der Eucharistie, aber sie ist hier ganz wesentlich und dicht. Und weil es eben nicht um einen abzuwickelnden formelhaften Ritus geht, sondern um eine Begegnung mit Christus, dem Auferstandenen, wird hier gleich am Anfang daran erinnert, wo wir uns befinden. Die Kirche aus Stein, in der wir feiern, ist ja lediglich der »Raum«, in dem seine Gegenwart sich Leben stiftend ereignen soll. Und so ist dieser Gruß eine Orts- und Qualitätsangabe: Wir sind nicht einfach nur hier, weil es 10 Uhr am Sonntag ist oder weil wir eventuell einfach kommen, weil »man« kommt. Wir sind hier, weil er uns zusammengerufen hat und wir jetzt seine Gegenwart erfahren wollen, die uns Leben schenkt. Und erst damit sind wir als Kirche versammelt.

Es gibt ein sehr schönes Kirchenlied, das ich gerne singe, gerade auch am Beginn einer Feier. Da singen wir: *Gott ruft sein Volk zusammen, rings aus dem Erdenrund; eint uns in Christi Namen, zu einem neuen Bund. Wir sind des Herrn Gemeinde, und feiern seinen Tod, in uns lebt der uns einte, er bricht mit uns das Brot.*

Übrigens – und das gilt für alle Lieder in der Feier: Sie sind nicht nur schmückendes Beiwerk und Unterbrechungen der Texte, sondern sie gehören wesentlich zur Feier, gestalten sie mit. Deswegen wäre es – katholisch gesehen – auch nicht richtig, von einem Eingangslied zu sprechen. Korrekt muss es heißen: Lied zum Einzug. Da geht es also nicht um ein Vorspiel, sondern um die Begleitung jenes Einzugs, der das Sich-Versammeln der Gemeinde zum Abschluss und zum Höhepunkt bringt. Nicht irgendetwas soll gesungen werden, sondern der Einzug wird begleitet durch das Singen all jener, die sich nun versammelt haben und Liturgie feiern wollen.

Zu diesem Sich-bewusst-Werden der Situation am Anfang gehören noch weitere Elemente. Ich erinnere mich an eine liturgische Feier, bei der der Vorsteher uns alle einlud, uns umzudrehen und zur Tür zu schauen, durch die wir eingetreten waren. Unsere Vergangenheit, unsere Prägungen, unser zerbrechliches Leben ist unsere Grundsituation. In die Gegenwart Gottes zu treten bedarf der Umkehr, der Hinwendung zu ihm, so wie wir sind. Es geht bei dieser anfänglichen Umkehrsituation um eine neue Hinwendung, nicht um ein kleiner werden: also nicht etwa so, dass wir als Sünder nicht würdig wären, Gott zu begegnen. Ganz im Gegenteil: Es gehört zum nüchternen Realismus, selbst um Zerbrochenheit und eigenes Fehlverhalten zu wissen – und zu wissen, dass wir gerade als solche von Gott angenommen sind. Und es gehört zur nüchternen Freude, dass gerade dieser Gott wesentlich deswegen so nah bei uns ist, weil er voller Liebe – wie beim verlorenen Sohn – jedem unserer Versuche, uns ihm zu nähern, zuvorkommt mit seinem Erbarmen. Genau dieses Erbarmen preist die Gemeinschaft ziemlich ausführlich mit Gesang, manchmal sogar mit zwei Gesängen.

Sie heißen »Kyrie eleison« und »Gloria«, und wenn man hier Analogien zu freikirchlichen und modernen Liturgien nehmen wollte, dann würde man sagen: Das ist der katholische Lobpreisteil. Und in der Tat wurzelt dieser Lobpreis ursprünglich in einem ganz weltlich-römischen Geschehen: Wenn nämlich der römische Kaiser mit seinem Heer nach einer Schlacht durch die Straßen Roms zog, dann riefen die Römer ihm »Kyrie eleison« zu – der Herr hat Erbarmen mit uns. Dies wurde in dem Moment in die Liturgie der Kirche aufgenommen und weiter umgestaltet, als sich für die römische Kirche zum ersten Mal die Frage stellte, wie man angesichts der vielen neuen Christen und der Möglichkeit, große Räume für Gottesdienste – in der Form römischer Kaiserhallen, die man »Basiliken« nannte – zu gestalten, nun eine ursprünglich kleine Feier in einem »offizielleren« Rahmen feiern könnte. Viele Akzente aus dem Kontext der damaligen Zeiten wurden mit großer Intensität liturgisch nutzbar gemacht: Das fängt an bei Prozessionen bei Ein- und Auszug und geht bis zur Übernahme von Sitzordnungen und preisenden Gesängen. Ein spannendes Stück gelungener Inkulturation, über die wir später noch sprechen werden ...

All das, was in der Messe so selbstverständlich zu Beginn stattfindet, ist auf Dialog angelegt, auf eine gemeinsame Feier. Ich erinnere mich an eine Reihe von Messen, die ich feiern »musste«, bei der es aber eigentlich gar nicht möglich war, weil die Teilnehmenden gar nicht wussten, wie sie mitfeiern sollten. Was ist eigentlich, wenn auf die Begrüßung »Der Herr sei mit euch« keine Antwort folgt? Irgendwie geht es dann nicht weiter ... und es wird ganz merkwürdig peinlich. Gerade bei einer Messe – in anderen Gottesdienstformen ist es leichter möglich – braucht es wesentlich die *volle und tätige Teilnahme*. Ich war immer verdutzt, wenn niemand auf diesen liturgischen Gruß antwortete – und auch wenn ich dann trotzdem weitergemacht habe: Eine richtige »Feier« wurde es nie. Es fehlte einfach die Wechselseitigkeit – und es ist – wie gesagt – keine Priesterliturgie, die wir Katholiken feiern, sondern ein gemeinsames Fest der Begegnung mit Christus, mit Gott.

Das hat Konsequenzen für die Feier selbst. Denn sie setzt so einige Grundwirklichkeiten voraus: dass diejenigen, die zu einer

Messe kommen, wirklich in eine dichte Begegnung mit Gott treten wollen, um ihm – Eucharistie heißt Danksagung – zu danken für das Geschenk seines Mitgehens durch ihr alltägliches Leben. Dieser Gottesdienst ist gewissermaßen der Höhepunkt einer alltäglichen Erfahrung des Christseins. Es geht ja beim Christsein nicht nur um die Feier von Gottesdiensten, sondern um die Nachfolge und das alltägliche Zeugnis für den Gott, der Liebe ist. Und gleichzeitig ist diese Feier ja auch Quelle: Denn die dichte Begegnung, die hier gefeiert wird, will ja auch Kraft schenken, Geist schenken, nähren für den Weg, zu dem wir gesandt sind.

Aber schließlich wird hier auch deutlich, dass die Messe voraussetzt, dass man in sie hineingewachsen ist, dass man Mitfeiern gelernt hat. Mindestens der größere Teil der feiernden Gemeinschaft braucht Vertrautheit mit dem Geschehen, sonst ist diese Feier schlicht nicht möglich – oder wird grauslich schräg.

Miteinander beten

Der erste einführende Teil mündet in das erste gemeinsame Gebet. Der Priester spricht »Lasset uns beten« und dann das Tagesgebet, das auch »Kollektengebet« heißt. Es hat mit Geldsammeln nichts zu tun, aber mit der Sammlung. Und erst seit einigen Jahren habe ich verstanden, warum dieses Gebet so heißt. Denn die Aufforderung zum gemeinsamen Gebet ist ernst gemeint und nicht nur formal die Einleitung des Gebetes, das dann der Priester spricht. Es soll nach dieser Aufforderung eine Zeit des Schweigens sein. Das ist der Moment, in dem alle Mitfeiernden sich persönlich und in Stille an Gott wenden, ihn bitten und ihm danken in ganz persönlicher Weise. Diese vielen Gebete münden dann ein in das Tagesgebet. Von daher wird klar, warum es auch Kollektengebet heißt: Es sammelt die vielen stillen und persönlichen Gebete ein, die die Mitfeiernden zum Ausdruck gebracht haben.

Es gibt eine Reihe von solchen Momenten der Stille. Zumindest sind sie vorgesehen. Aber die Praxis ist oft leider eine andere. Niemand hat den Christgläubigen erklärt, dass es hier wirklich einen Moment persönlicher und privater Gebetszeit gibt, und deswegen finden viele es normal, wenn gar keine Stille folgt, sondern einfach der Priester das Gebet vorträgt.

Ich glaube, dass wir Katholiken noch tiefer unsere liturgischen Feiern verstehen müssen. Es ist eben nicht ein Ritual, das abgefeiert und einfach nur ordentlich ablaufen soll, es ist der Raum unserer Begegnung mit dem lebendigen Gott, hier soll unser ganzes Leben, unsere Sorgen und unsere Fragen, Freude und das Leid einmünden, hier will Gott wirklich Verwandlung wirken, sich selbst verschenken an uns und uns so neu ausrichten. Hier ist nicht der Ort, an dem man irgendeinen Kult nach bestimmten Vorschriften feiert, um einen fremden Gott gütig zu stimmen, ihm irgendetwas zu opfern oder von ihm, den man gar nicht kennt, etwas zu erbitten. Nein – hier kommen wir zusammen, um dankbar jene unglaubliche Nähe und Liebe Gottes zu spüren und ihn zu feiern, zu loben und zu preisen. Es geht immer um diese verwandelnde und erfüllende Nähe Gottes, nach der wir uns sehnen. Und zugleich ist nichts schrecklicher als ein Gottesdienst, eine Messe, die nicht Feier ist, sondern routiniert abläuft und an allen vorbeiläuft. Ich verstehe, wenn dann jemand sagen würde: Die Messe ist langweilig.

Aber das ist eben der Knackpunkt. Manchmal sage ich, dass die Messe so etwas wie eine komprimierte ZIP-Datei ist. Komprimiert in eine unglaubliche Dichte feiern wir in Wort, Symbolhandlungen, Gesang und Haltungen (darauf komme ich noch) die Gegenwart Gottes. Und jede dieser kleinen »Teilhandlungen« birgt in sich eine hintergründige Tiefe, die ich auch erst mit der Zeit verstehen lernte.
Das gilt auch für den Inhalt der Kollektengebete. Meist sind sie

ganz alt. Sie stammen oft aus den ersten sechs Jahrhunderten der Kirche und bringen ein bestimmtes Thema in den Fokus. Eigentlich sind sie ganz einfach strukturiert: Nach der Anrede Gottes, unseres Vaters, benennen sie einen Dank für etwas, was Gott getan hat, und münden dann ein in eine Bitte mit einem Gebetsschluss.

Ich liebe diese Gebete, weil in ihnen so präzise und einfach, aber auch so abgrundtief das Geheimnis unseres Lebens mit Gott zum Ausdruck kommt. Sie sind mutig, denn es kommen Dinge zur Sprache, die man sich nicht einfach trauen würde zu sagen. Ganz oft bitten sie darum, dass wir teilnehmen können am göttlichen Leben. Schlicht und wie selbstverständlich wird das gesagt, dass es einen erschüttern kann. Ist es überhaupt möglich, Anteil am göttlichen Leben zu haben? Was bedeutet das eigentlich, alle Distanz zu Gott so aufzuheben? Ist es nicht ein wenig überkandidelt? Diese alten Gebete sind so präzise mutig, weil sie sich ganz gläubig einlassen auf die Botschaft des Evangeliums.

Wie gesagt, ich liebe diese Gebete, auch wenn viele Katholiken sagen, dass sie sie nicht verstehen können, dass sie zu hochgespannt und abstrakt formuliert sind. Ich kann das nachvollziehen, doch vielleicht haben wir oft selbst nicht diesen tiefen Glauben und dieses tiefe Vertrauen in die Botschaft des Evangeliums, und vielleicht brauchen wir Zeit, um die Tiefe unseres Betens und unserer Gemeinschaft mit Gott zu erfassen und in sie hineinzuwachsen. Im Unterschied zu anderen Generationen vor uns ist ja der christliche Glaube viel mehr zu einer persönlichen Geschichte und Entscheidung geworden, der lange Wegstrecken der Freiheit und des Wachsens voraussetzt. Vielleicht brauchen wir dafür andere Liturgien, andere Texte in Gebeten? Aber ich – der ich mich selbst weiterhin auf einem Wachstumsweg empfinde – möchte nicht auf diese tiefen Gebete verzichten. Sie sind übrigens in der gesamten katholischen Weltkirche, Sonntag für Sonntag, gleich.

Da feiern wir im gemeinsamen Takt mit der ganzen römisch-katholischen Welt.

Hören, was Gott uns sagt

Die Feier der Messe ist Feier der Dankbarkeit für Gottes Gegenwart in unserem Leben – und gleichzeitig will sie auch so etwas wie Nahrungsquelle sein. Gott schenkt sich selbst im Wort – und in Leib und Blut. Man kann sich, was die Grundgestalt der Messe angeht, leicht an der Geschichte orientieren, die wir in unseren biblischen Ouvertüren vorgestellt haben: die Erfahrung der Jünger von Emmaus. Dort ist es der Fremde, der den ratlosen Jüngern den Sinn der Schrift erschließt: *Da sagte er zu ihnen: Begreift ihr denn nicht? Wie schwer fällt es euch, alles zu glauben, was die Propheten gesagt haben? Musste nicht der Messias all das erleiden, um so in seine Herrlichkeit zu gelangen? Und er legte ihnen dar, ausgehend von Mose und allen Propheten, was in der gesamten Schrift über ihn geschrieben steht ... (Lk 24, 25-27)* Als die Jünger kurz darauf Christus erkennen, der ihnen das Brot bricht, sagen sie zueinander: *Brannte uns nicht das Herz in der Brust, als er mit uns redete und uns den Sinn der Schrift erschloss? (Lk 24, 32)*

Die Feier des Wortes Gottes, die sich an das Tagesgebet anschließt, folgt dieser »Logik« von Emmaus. Lesungen aus dem Alten Testament und dem Neuen Testament werden vorgetragen, ein antwortender Psalm, passend zu diesen Texten, wird gesungen und so auch verkündet. Und immer wieder geht es um eine spannende Verwandlung. Natürlich wird am Anfang der Lesung gesagt, welcher Text verkündet wird. Etwa aus dem Buch Genesis oder dem Brief des Apostels Paulus an die Philipper. Aber am Ende wird dann der Gemeinde zugerufen: »Wort des lebendigen Gottes« – und alle antworten (hier ist er wieder: der notwendige Dialog!): »Dank sei Gott«.

Das ist spannend und interessant: Einerseits ist klar, dass diese Texte alle ihre menschlichen Autoren und oft lange Entwicklungsgeschichten haben. Und man könnte meinen, sie werden hier zum besseren Verständnis der Schrift vorgetragen. Aber das ist nicht so. Denn am Ende verwandelt sich der Autor! Da heißt es plötzlich: Das ist das *Wort des lebendigen Gottes*. Also geht es hier gar nicht in erster Linie um eine Textarbeit. Wenn es darum ginge, den Text zu verstehen, zu entschlüsseln, auszulegen, dann bräuchte man höchstens einen Text. Denn die Geschichten aus der Schrift, die vorgetragen werden, sind inhaltsreich, gefüllt mit Themen und Geschichten, Wahrheiten und Fragwürdigkeiten. Man könnte sich in theologischen Seminaren mit einem von ihnen über Wochen beschäftigen.

Doch offensichtlich geht es nicht darum, wie an einigen Akzenten deutlich wird. Zum einen werden diese Lesungen durch ein besonderes Dienstamt in unserer katholischen Kirche vollzogen: Wir nennen sie Lektorinnen und Lektoren, und auch der Sänger für den Antwortpsalm ist nicht einfach nur Sänger, sondern ein beauftragter Dienst: der Kantor.

Ich erinnere mich gerne an eine gute Freundin, die in der mir anvertrauten Pfarrei Kantorin war. Sie sagte immer: *Weißt du, für mich ist das der Weg, wie ich wirklich die Botschaft der Schrift verkünden kann*. Genauso ist es nämlich: Da werden nicht Texte gelesen oder gesungen, sondern *die Frohe Botschaft wird verkündet*. Und das geschieht häufig auch so, dass die, die in diesem Dienst stehen, ein weißes Gewand anziehen oder einen weißen Schal: Zeichen dafür, dass sie als Getaufte Verkünderinnen und Verkünder sind. Und das heißt nichts anderes, als dass sie sich zum Botschafter des lebendigen Gottes machen: Seine Botschaft spricht durch sie ... Deswegen verwundert es nicht mehr, wenn am Ende die Gemeinschaft der Gläubigen daran erinnert wird: Hier hat Gott gesprochen zu uns – und darum geht es eigentlich: dass er sich uns mit seinem Wort nähert, uns nährt und berührt.

Es geht also nicht darum, Texte zu analysieren: Es geht eher darum, in ein Gespräch zu kommen. Was möchte uns der Herr, unser Gott, der in unserer Mitte lebt, durch sein Wort sagen?

Dieses »Gespräch« ist lebenswichtig für uns Katholiken. Denn hier können wir entdecken, was der lebendige Gott uns heute, in unserer Situation, in unseren Herausforderungen und Problemstellungen, sagen möchte und was er von uns will. In der Feier des Wortes Gottes wird dieses Gespräch weiter fortgeführt, aber es geht immer darum, dass Gott mit seinem Volk in eine freundschaftliche Begegnung kommt. Es geht um die Feier einer Freundschaft, einer Gemeinschaft, die Gott mit uns will.

Mich beeindruckt ein Zitat aus dem 1. Thessalonicherbrief, den Paulus an die Gemeinde schrieb. Dort ist er außer sich vor Freude: *Darum danken wir Gott unablässig dafür, dass ihr das Wort Gottes, das ihr durch unsere Verkündigung empfangen habt, nicht als Menschenwort, sondern – was es in Wahrheit ist – als Gottes Wort abgenommen habt; und jetzt ist es in euch, den Gläubigen, wirksam. (1 Thess 2, 13)*

Was meint Paulus? Was meint die Liturgie des Wortes? Es geht hier nicht darum zu bestreiten, dass diese Texte menschlichen Ursprungs sind, ihre Zeit und ihre Geschichte haben – und vor allem: dass sie sich eignen würden, wörtlich ausgelegt zu werden, weil Gott das so gesagt hat. Sondern es geht darum, dass mit und in diesen Worten von Menschen Gott uns anrühren kann und will, und uns mit seiner Kraft erfüllen und verwandeln will. Denn wir leben nicht vom Brot allein, sondern *von jedem Wort, das aus Gottes Mund kommt. (Mt 4,4)*

Meine Geschichte mit dem Evangelium

Auf der Rückfahrt von jenem Treffen mit Jugendlichen, bei dem ich irgendwie zum ersten Mal erahnte, dass Gott mitten unter den Menschen lebt, war ich immer noch sehr berührt und fragte den Fahrer des Kleinbusses einfach nur, wie das denn möglich sei, so eine Erfahrung wieder zu machen. Er schaute mich an und sagte nur einen kurzen Satz: *Wir leben das Evangelium.* Ich hatte einen solchen Satz noch nie gehört, in meiner ganzen 17-jährigen katholischen Erfahrung, aber er ging mir unter die Haut. Mir war klar, dass ich eine Bibel brauchte. Und so ging ich mir schon am nächsten Tag eine kaufen. Und ich begann auf eine eigene Art die Heilige Schrift zu lesen. Ich las jeden Morgen, bevor ich zur Schule ging, in einem der Briefe des Neuen Testaments so lange, bis mich etwas anrührte. Darüber dachte ich dann ein wenig nach ... und ging zur Schule.

Meine neuen Freunde machten es in einer kleinen Gruppe auch so: Wir lasen einen kleinen Abschnitt, erzählten uns, was uns daran wichtig wurde, und versuchten dann, damit in unseren Alltag zu gehen. Daran hatte ich mich gewöhnt, und es veränderte mein Leben ziemlich: Irgendwie, so spürte ich, kam mir Gott näher – ich betete mehr, interessierte mich mehr für meinen Glauben, ging häufiger zur Kirche und stellte mir Fragen wie: Was will wohl Gott von meinem Leben?

In kurzen Worten: Je mehr das Wort mir nahe kam, desto mehr veränderte sich mein Leben als Christ. Das prägt mich bis heute – und es vergeht kein Tag, an dem mir das Wort des Evangeliums nicht wichtig ist und ich mich eine Zeit hörend mit diesem Wort »zusammensetze«.

Später durfte ich erfahren, dass es in der katholischen Kirche lange nicht üblich war, dass man die Bibel las. Erst seit etwa 50

Jahren wird es immer mehr zur Praxis für viele Gläubige, vor allem auch in Afrika, Asien und Lateinamerika. Dort entstanden immer mehr Wege und Formen, dass alle Christen einen neuen Zugang zum Wort Gottes finden konnten. Wichtig war hier nur: Immer ging es darum, dass das Wort Gottes so verkündet wird, dass die Menschen in einer Begegnung mit diesem Wort Gott selbst finden und seine Botschaft für ihr Leben. Ja, denn es ist das Wort des lebendigen Gottes, das das Leben verändern will.

Das Evangelium zieht ein

Diese Bedeutsamkeit des Wortes Gottes wird in der Liturgie der Messe noch auf einen Höhepunkt gebracht. Die Verkündigung der Lesungen und der Gesang des Psalms waren wie eine Steigerung für den eigentlichen Zielpunkt der Verkündigung des Evangeliums. Das Evangelium wird nämlich wie ein König behandelt – und es ist ja auch so: Hier begegnet der lebendige Christus seinem Volk. Schon beim Einzug zu Beginn der Feier wird das *Evangeliar* – so nennt man das spezielle Buch, in dem nur die Evangelientexte der Sonntage enthalten sind und das oft sehr wertvoll gestaltet ist – feierlich mit hineingetragen, begleitet von Leuchtern und Weihrauch als Zeichen der Wertschätzung. Nun, vor der Verkündigung des Evangeliums, wird feierlich das Halleluja angestimmt, der Willkommengruß für den Herrn, das Evangeliar wird von seinem Ehrenplatz auf dem Altar zum Verkündigungsort getragen: Der Diakon trägt es hoch vor sich her, die Gemeinde stimmt in den Lobgesang mit ein, Leuchter begleiten es, Weihrauch wird entzündet und das Evangelium angeräuchert.

Und nun wird zum zweiten Mal eine Standortbestimmung durchgeführt, wenn der Diakon ruft: »Der Herr sei mit euch«, und die Gemeinde antwortet »Und mit deinem Geiste«. Wieder geht es also darum, dass allen bewusst wird, dass jetzt, in der Verlesung des Evangeliums vom entsprechenden Sonntag, der auferstandene Herr selbst spricht. Dann proklamiert der Diakon: »Aus dem Heiligen Evangelium nach Markus«, und die Gemeinde antwortet selbstbewusst »Ehre sei dir, o Herr«. Nach der Verkündigung des Evangeliums ruft dann der Verkünder: »Evangelium unseres Herrn Jesus Christus«, worauf die Gemeinde einstimmt: »Lob sei dir Christus«.

Wer in den altrömischen Kirchen, etwa in Santa Sabina oder auch San Saba, in San Lorenzo oder anderen Kirchen aus dieser Zeit, unterwegs ist, dem wird auffallen, dass hier der Ort der Verkündigung des Evangeliums an einer erhobenen Stelle stattfindet. Der »Ambo« ist nicht nur ein Pult, sondern wie ein kleiner Berg, auf den man steigt, um zu verkünden. Das Symbol ist sprechend: Wer denkt da nicht gleich an die Bergpredigt, wer denkt nicht gleich an Mose und die Zehn Gebote auf dem Gottesberg. Immer ist der Berg ein Ort der Gottesbegegnung – und das wird hier, zusammen mit der Prozession, inszeniert.

Es ist ein typisch katholischer Moment. Wer das noch nicht erlebt hat, wird wahrscheinlich etwas fassungslos oder auch fasziniert davorstehen und sich fragen, was das alles bedeutet. Vielleicht auch fasziniert von der liturgischen Ordnung (wenn es denn gut geht ...) und Disziplin, dem klaren geregelten Ablauf. Aber an dieser (und anderen Prozessionen) kann man auch deutlich machen, wieso mein Eingangssatz zur Messe hervorhob, dass die Liturgie so prägend ist. Und dabei ist sie mehr als nur ein ritueller Ablauf, sie ist eine Inszenierung, die alle Sinne ergreift und durch ihre Pointierungen deutlich macht, was wichtiger und was nicht so wichtig ist.

Die Verkündigung des Evangeliums ist also ein absoluter Höhepunkt. Nachdem man sich bei der Verkündigung der Lesungen, aber auch bei der Predigt, die an das Evangelium folgt, zum Hören hinsetzt, stehen jetzt alle auf. Sie bestätigen durch ihre Rufe und ihr Singen die Bedeutsamkeit der Verkündigung. Das Evangeliar wird manchmal durch den ganzen Raum getragen, bevor dann – vom Ambo – das Evangelium des Tages verlesen wird. Auch hier wird klar: Es geht darum, dass in den Worten und Erzählungen vom Leben Jesu, seinen Gleichnissen und Heilungen, nicht ein Text diskutiert und bedacht werden soll, sondern dass durch dieses Wort Christus selbst zu seinem Volk spricht und das Volk sich freut.

Die Predigt, die dann in der katholischen Liturgie folgt, das Glaubensbekenntnis und die Fürbitten schließen den ersten Höhepunkt der Messfeier ab. Dieser ausführliche Teil der Liturgie mit dem Wort Gottes ist ganz bestimmt beeinflusst durch die ökumenische und biblische Bewegung zu Beginn des 20. Jahrhunderts. Seit dem II. Vatikanischen Konzil liegt meiner Kirche daran, dass den Gläubigen *der Tisch des Wortes reich gedeckt* wird. Nicht nur reich gedeckt, sondern auch festlich gedeckt, das kann man bestimmt nach dieser kurzen Beschreibung sagen.

Einstehen für die Welt

Doch bevor nun der zweite Teil der Messe beginnt, versammeln wir uns alle noch mal zum Gebet. Es ist diesmal ein fürbittendes Gebet: Die Gemeinde tritt jetzt vor Gott, um ihm zu antworten – und sie trägt alle Not der Welt, der Kirche und eigene Nöte vor Gott. Meistens werden einfach Bitten vorgelesen – und alle antworten »Wir bitten dich, erhöre uns«. In der Pfarrei, in der ich zuerst war, haben wir nach einiger Zeit und gemeinsamen Überlegungen diese Praxis verändert. Wenn man nämlich den Sinn dieser Fürbitten erschließen will, dann helfen die Hinweise, die »amtlich« vorgegeben werden. Dort steht dann, dass hier sich der priesterliche Charakter des Volkes Gottes zeigt – das Eintreten aller für die anderen Menschen, für ihre Not. Wir versuchten also einen anderen Zugang: Vor den Altar stellten wir eine mit Sand gefüllte Schale – und die Fürbitten sollten frei formuliert werden von Einzelnen aus der Gemeinde, die mit der Fürbitte auch eine Kerze in diese Sandschale steckten. Das war schon auch ein wenig herausfordernd, und die Gemeinde wie ich selbst wusste nicht immer, ob überhaupt jemand eine Fürbitte sprechen wollte. Aber immer kam jemand, und ich habe in den vergangenen Jahren mit vielen Gottesdienstgemeinden diese wunderbare Erfahrung gemacht: Wir können frei vor Gott unsere Bitten vortragen, wir lernen mit eigenen Worten zu Gott, unserem Vater, zu sprechen ...

Auf dem Weg zur Kommunion

Warum wird eigentlich in jeder Messe Geld eingesammelt? Ist das nur ein Trick, damit jetzt alle, die da sind, zur Kasse gebeten werden? Ganz im Gegenteil. Es mag zwar merkwürdig scheinen, dass nun, zum Beginn des zweiten Hauptteils der Messe, Geld eingesammelt wird, aber das entstammt einer tiefgehenden Überlegung, und es gehört wesentlich zur Messe dazu.

Der Altar spielt jetzt die entscheidende Rolle, und die Handlung verschiebt sich zu diesem meist steinernen »Tisch«, auf dem außer dem Messbuch nichts liegen soll, keine Kerzen und keine Blumen – sondern nur die Gaben von Brot und Wein, in einem goldenen Kelch und einer goldenen Schale. Aber noch ist nichts da, der Altar ist leer, und um ihn herum können Kerzen stehen (und Blumen davor natürlich auch). Dieser Altar ist ein Symbol für Christus selbst – das ist auch der Grund, weswegen er zu Beginn der Feier vom Priester geküsst wird. Vor ihm verneigen sich alle oder machen eine Kniebeuge – immer ist Christus das Zentrum der Versammlung oder besser: das Geheimnis seines Todes und seiner Auferstehung, wie es sich in der Feier des Abendmahles zeichenhaft vergegenwärtigt.

In der frühen Kirche war jetzt der Moment, an dem die Gläubigen ihre Gaben zum Altar brachten. Sie brachten Oliven und Käse, Früchte und Brot, Wein und andere Gaben – und das hatte einen Grund: Diese Gaben, die die Gläubigen brachten, sollten ihr Beitrag für die Armen sein. Erinnern wir uns: Schon Paulus hatte seine Gemeinde in Korinth immer wieder ermahnt, dass man nicht Gemeinschaft mit Christus unter dem Zeichen von Brot und Wein feiern kann, wenn man nicht an die Armen denkt. Und genau deswegen ist die Kollekte auch so ein wichtiger, konstitutiver Teil der Feier. Und wo früher die Naturalien gebracht wurden, so ist es heute das Geld, das für die Armen gegeben wird.

Ich erinnere mich an eine besondere Messfeier in einem kleinen Dorf in den Bergen Südafrikas. Zur Gabenbereitung fing der wunderbare Gesang der afrikanischen Mitbrüder und -schwestern an, und alle zogen in Prozession zum Tisch, um ihre Geldgabe für die Armen zu bringen. Damit wurden dann auch Brot und Wein nach vorne gebracht, denn diese Gaben spielten jetzt eine zentrale Rolle.
Im Grunde ist die Gabenbereitung nur eine vorbereitende Handlung, aber sie macht sichtbar, wie eng verknüpft die Gemeinschaft mit Christus und die Gemeinschaft mit den Armen ist und sein soll.

Das »Hochgebet« und die Wandlung

Frag hundert Katholiken, was das Wichtigste
in der katholischen Kirche ist.
Und sie werden sagen: die Messe.
Frag hundert Katholiken, was das Wichtigste
in der Messe ist.
Und sie werden sagen: die Wandlung.
Sag hundert Katholiken, das Wichtigste
in der katholischen Kirche ist die Wandlung.
Nein, werden sie sagen, es soll alles so bleiben, wie es ist.

Dieser Text des Dichters und Priesters Lothar Zenetti beschreibt sehr tiefgründig und humorvoll, worum es jetzt geht. Um die Wandlung. Aber meistens denkt man dann an einen sehr feierlichen Moment in der Messe, wenn die Worte gesprochen werden, die Jesus im Abendmahlssaal sprach, und das Brot und der Kelch erhoben werden, ein Moment Stille ist, Glöckchen läuten und die Gläubigen sich aus Ehrfurcht niedergekniet haben. Zweifellos ist das ein tiefer und geistlich geprägter Moment, aber oft wird vergessen, dass er eingebunden ist in das wichtigste Gebet dieser Feier – das Hochgebet. Und oft wird vergessen, dass es bei der »Wandlung« eben nicht nur um die Gaben von Brot und Wein geht – sondern um uns, um unsere Wandlung, die wir in der Messe feiern.

Doch Schritt für Schritt. Wie wichtig der gesamte Zusammenhang ist, wie wichtig also dieses Hochgebet über Brot und Wein ist, das wird schon an der Feierlichkeit deutlich, mit der es beginnt: Wieder erfolgt nämlich eine dialogische Standortbestimmung der Gemeinschaft.

Der Herr sei mit euch – Und mit deinem Geiste
Erhebet die Herzen – Wir haben sie beim Herrn
Lasset uns danken dem Herrn unserem Gott – Das ist würdig und recht.

So beginnt dieses Gebet. Und was folgt, ist ein großes Dankgebet. Alle haben sich erhoben, und der Priester und seine Mithelferinnen und Mithelfer stehen um den Altar. Sie preisen Gott für sein Tun in dieser Welt, und all das mündet in einen Gesang, in dem Gott heiliggepriesen wird.

Danach dann bittet der Priester, dass der Heilige Geist, der von Gott kommt, nun über die Gaben von Brot und Wein herabkommt und sie verwandelt. Es ist – glaube ich – ein schwer auszuräumendes Missverständnis, dass der Priester gewissermaßen »Macht« hat, das zu tun. Auf der einen Seite ist er eben kein Magier, sondern er steht einfach im Dienst. Er wird von Christus in den Dienst genommen, der durch seinen Geist jetzt an den Gaben von Brot und Wein handeln möge. So lebe ich jede Messe, im Bewusstsein, dass ich hier der in den Dienst Genommene bin, der für die Gemeinschaft der Glaubenden, aber eben auch im Namen Christi, dieses Gebet spricht.

Auch ist es ein Gebet, eine Bitte, ein Preis, und in der Mitte dieses Gebetes wird dann vom größten Heilszeichen berichtet, nämlich von seiner Hingabe an uns, in Brot und Wein.

Und deswegen geht es zwar auch um die Frage, wie Brot und Wein Leib und Blut Christi werden können, aber es geht in dieser Feier um mehr. Ziemlich gleich nachdem der Abendmahlsbericht erzählt wurde und Brot und Wein zur stillen Anbetung der Glaubenden hochgehalten wurden, folgt die eigentliche Zielrichtung dieses Geschehens in einem weiteren Gebet um den Heiligen Geist.

Stärke uns durch den Leib und das Blut deines Sohnes und erfülle uns mit seinem Heiligen Geist, damit wir ein Leib und ein Geist werden in Christus (3. Hochgebet).

Diese Bitte hängt wesentlich mit der ersten zusammen und war auch ursprünglich nur eine Bitte. Etwa so: *Sende deinen Geist auf diese Gaben herab und heilige sie, damit sie uns werden Leib und Blut unseres Herrn Jesus Christus. Stärke uns durch den Leib und das Blut deines Sohnes und erfülle uns mit seinem Heiligen Geist, damit wir ein Leib und ein Geist werden in Christus.*

Da gilt es genau hinzuschauen und sich an das Gedicht von Lothar Zenetti zu erinnern: Die Wandlung der Gaben im Heiligen Geist geschieht, damit das Entscheidende an uns geschehen kann: Wir sollen verwandelt werden. Dies gehört zusammen, und das ist eigentliches Ziel dieses Hochgebets: Wir bitten darum, dass das, was Jesus an seinen Jüngern getan hat, sich auch heute an uns ereignet. Im Empfang von Leib und Blut Christi werden wir ... Kirche, seine Gemeinschaft, seine Communio ...

Diese ist immer größer als die aktuell feiernde Gemeinschaft, und daran werden wir in diesem Gebet erinnert. Es geht nicht nur um die Gemeinde vor Ort, es geht um die ganze heilige Kirche, das ganze Volk Gottes durch alle Zeiten. Wir wissen uns verbunden mit dem Papst, mit dem Ortsbischof – sie werden beim Namen genannt; wir wissen uns verbunden mit den Verstorbenen, mit den Heiligen aller Zeiten.

Mich berührt, dass diese Gemeinschaft nicht abgrenzbar ist. Sie umfasst auch alle Menschen, die Gott suchen (so wird gebetet), auch alle Verstorbenen, deren Glauben niemand beurteilen kann außer Gott, alle Menschen, die Gott noch nicht gefunden haben. Das gibt ein spannendes Bild dieses Gottesvolkes. Es ist nämlich nach außen nicht abgrenzbar ...

In diese Gemeinschaft hinein fällt ein großes abschließendes Lob Gottes, auf das die Gemeinde mit »Amen« antwortet. Das ist kein »Amen« mal so. Es ist der Abschluss dieses Gebetes, das jetzt noch einmal die Bestätigung des Volkes braucht. Und eigentlich ist deswegen ein nüchternes, trockenes, norddeutsches gemurmeltes *Amen* zu wenig. Ich kenne viele Gemeinden, in denen dieses »Amen« mehrfach und laut gesungen wird. Und das ist genau so gemeint. Denn auch das Hochgebet, so haben wir ja beschrieben, ist nicht einfach nur so vom Priester als Vorsteher gesprochen oder gesungen. Er tut es im Namen der Gemeinde, die auf den Aufruf *Lasset uns danken dem Herrn unserem Gott* geantwortet hatte: *Das ist würdig und recht.* Und deswegen ist das »*Amen*« am Ende wieder so wesentlich und so bedeutsam. Es ratifiziert gewissermaßen das Hochgebet, macht es zum Gebet der gesamten versammelten Gemeinschaft, die nun das, was sie erbeten hat, vollzieht.

Das Brotbrechen und die Kommunion

Was im Hochgebet erbeten und gefeiert wurde, vollzieht sich jetzt. Das Brot und der Wein werden an die Gläubigen verteilt. Es geschieht Kommunion, jene Gemeinschaft mit Christus, die uns zur Kirche macht, ein Leib und ein Geist werden lässt in Christus. Hier geschieht die tiefste Wandlung.

Katholiken feiern mit neun Jahren zum ersten Mal heilige Kommunion, diese tiefe Gemeinschaft. Natürlich habe ich damals nicht verstanden, was sich hier wirklich ereignet. Aber wie sollte ich auch? In unserer katholischen Kirche hat man im späten Mittelalter den Begriff der »Transsubstantiation« verwendet, um das Geschehen an Brot und Wein zu beschreiben: Es ist eben nicht Brot und Wein, sondern mehr: Christus begegnet uns darin. Das ist gemeint. Die Gaben von Brot und Wein sind nicht mehr wie vorher einfach nur Brot und Wein, sondern sind von innen her nur noch einer: Christus, der sich mir schenkt.

Thomas von Aquin, einer der größten Theologen der katholischen Kirche, hat einen wunderbaren Gesang geschrieben, als ihm bewusst wurde, was hier geschieht:

Gottheit tief verborgen, betend nah ich dir.
Unter diesen Zeichen bist du wahrhaft hier.
Sieh, mit ganzem Herzen schenk ich dir mich hin,
weil vor solchem Wunder ich nur Armut bin.

Und genau das geschieht im Empfang von Brot und Wein – es ist eine verwandelnde Begegnung mit Christus selbst. Nachdem das Vater-Unser gebetet und der Friedensgruß unter allen ausgetauscht wurde, gibt es noch eine wichtige Symbolhandlung, die ursprünglich der Feier selbst den Namen gegeben hat: Das Brot wird gebrochen.

Schon im Abendmahlsbericht war davon die Rede, dass Jesus seinen Jüngern das Brot brach. Und in den Evangelien, bei der Brotvermehrung, in der Emmausgeschichte – immer erkennen die Jünger den auferstandenen Christus am Brechen des Brotes. Dies ist ein wesentlicher Ritus, der symbolhaft aufgeladen ist. In diesem Brechen steckt auch das Gebrochenwerden Christi am Kreuz ...

Leider kommt dieses Brotbrechen häufig zu kurz, weil man in meiner Kirche lieber kleine runde Hostien verwendet. Aber es ist unglaublich eindrücklich und tief, wenn man es anders macht. In den Pfarreien, in denen ich Pfarrer sein durfte, haben wir das immer eingeführt. Wir benutzten große Hostienbrote, die man in viele Teile zerbrechen konnte. Und so wurde allen deutlich, dass sie Anteil erhalten *an dem einen Brot und dem einen Kelch und so ein Leib werden in Christus*, wie ein Hochgebet sagt.

Diese Symbolisierung ist nicht unwesentlich, denn sie macht deutlich, worum es geht: Christus hat sich »brechen lassen« für uns, und sich uns geschenkt, damit wir verwandelt werden, eine Gemeinschaft, in der alle zueinander gehören als Glieder eines Leibes.

Der Empfang des gebrochenen Leibes Christi, das Trinken aus dem Kelch – beides gehört, auch wenn nicht immer so praktiziert, zur großen katholischen Tradition. Allerdings braucht es noch viel Zeit, bis wir in unserer Kirche wieder alle regelmäßig sowohl den Leib Christi als auch das Blut Christi zu uns nehmen – da sind die evangelischen Kirchen aufgrund ihrer Tradition ein Stück weiter.

Auf Sendung

Eigentlich endet die Messe hier. Nach dem Empfang der Kommunion ist meistens Stille, damit in dieser Stille und auch zu Gesang die Christen beten und danken können für das Geschenk der großen Nähe Gottes, für das Teilnehmen-Können am göttlichen Leben, wie dann zum Abschluss oft in einem Schlussgebet, das die Gebete der Gläubigen sammeln soll, gebetet wird.

Aber da ist noch ein letzter, sehr kurzer Teil. Seine Wichtigkeit wird unterstrichen durch die letztmalige Standortbestimmung: *Der Herr sei mit euch*. Es ist der Segen, der mehr ist als ein Abschlussritual. Es geht darum, sich bewusst zu werden, dass nach dieser neuen Erfüllung mit dem Heiligen Geist, nach diesem neuen Einswerden mit Christus, wir nun neu und anders ins Leben gehen: Seine Kraft, seine Liebe ist in uns ... und so werden wir gesandt.

Es ist etwas blass, wenn die deutsche Abschlussformel nach dem Segen sagt: *Gehet hin in Frieden*. Lateinisch ist das präziser: *Ite, missa est*. Das heißt nicht: Geht, die Messe ist zu Ende – sondern meint genau das Gegenteil: Geht, ihr seid gesendet in eure alltägliche Hingabe, in euer alltägliches Leben mit seinen kleinen und großen Aufgaben.

Klar, die Messe ist der Höhepunkt, aber eben auch die Quelle, der Ausgangspunkt für das Leben der Christen, das jetzt – als Einzelne und als Gemeinschaft – neu beginnt und sich im Alltag fortsetzt.

Was ich hier zu beschreiben versucht habe, ist die innerste Mitte unseres katholischen Glaubens. *Ohne den Sonntag können wir nicht*, sagten einige Christen den römischen Verfolgern, als sie trotz Verbots an der Messe am Sonntag teilgenommen hatten. Es geht eben nicht anders. Es ist nicht nur eine Sonntagvorschrift – das wäre viel zu oberflächlich, sondern eben die innerste Mitte katholischen Lebens. In dieser Feier verdichtet sich alles, was wir Katholiken leben und glauben. Und wir machen das auf diese typisch sinnliche Art, die ganzheitlich ist.

Und das wird in unserer Kirche auch in Zukunft immer bedeutsamer werden. Auch wenn weniger Menschen zur Messe kommen – für die, die kommen, wird es immer wichtiger sein, dass diese Feier auch als ganzheitlicher Höhepunkt erfahrbar wird.

2. Maria

Beten Katholiken Maria an? Warum spielt Maria eine so ungeheuer große Rolle? Und was bewegt so viele katholische Christen in aller Welt und durch die Jahrhunderte hindurch, wenn sie an Maria denken? Ist das noch christlich – und welche Rolle spielt dabei noch Christus, der doch die Mitte und das Zentrum ist? Das sind viele Fragen, die vor allem eines deutlich machen: Wenn man »katholisch« schnell identifizieren will, dann kommt man auch ganz schnell auf Maria. Es fällt auf, dass in der Frömmigkeitspraxis Maria eine große Rolle spielt – in Gebeten wie dem Rosenkranz, bei Wallfahrten, bei den Marienerscheinungen, was immer wir Katholiken auch darunter verstehen. Und zugleich wächst auch hier das Misstrauen schnell: Ist Maria nicht einfach so etwas wie eine Nebenperson, die die einzigartige Rolle Christi verdeckt?

Also ist es mehr als spannend, einmal einen Zugang zu jener Maria zu versuchen, um die es hier geht. Keine Frage, es gibt hier biblische Zugänge, über die ich noch nachdenken werde – und es gibt theologische Grundaussagen über Maria, »Dogmen«, die aber häufig unverstanden bleiben. Auch sie möchte ich versuchen zu erschließen. Anfangen möchte ich aber mit staunenden Erfahrungen und Eindrücken, die sich mir in meinem Leben nach und nach erschlossen haben.

Maria in Rom bestaunen

Ich bin ein nüchterner Niedersachse, aber meine Mutter ist eine katholische Schlesierin. Und die Schlesier haben – viele jedenfalls – eine sehr gefühlvolle und emotionale Frömmigkeit, auch im Blick auf Maria. Aber das konnte meine Mutter an uns nicht wirklich weitergeben, jedenfalls nicht, als wir Kinder und Jugendliche waren.

Dann kam ich nach Rom ins Studium, und ich begann auch, Rom-Touristen durch die Stadt und vor allem durch die vielen Kirchen zu führen. Eine der wichtigsten und vielleicht schönsten dieser großen Kirchen ist Maria Maggiore auf dem Esquilino. Eine Kirche, die ursprünglich aus den Jahren um 430 stammt, und deren legendäre Geschichte mit der großen Kirchengeschichte bzw. Theologiegeschichte verknüpft ist. In jenen Jahren gab es in Ephesus ein großes Konzil, auf dem sich Theologen stritten. Immer ging es um Jesus Christus, um die Frage, ob und wie er zugleich Mensch und Gott, eben Gottes Sohn und ganz Mensch zugleich sein konnte. Eine wichtige Frage: Denn wenn er »nur« einer von uns gewesen wäre, wie hätte er uns dann erlösen können? Aber wenn er »nur« Gott gewesen wäre – wie hätte er dann uns überhaupt nahe kommen können. Und hier kam Maria ins Spiel.

Im Evangelium von Lukas finden wir die zentrale Erzählung zu Maria: *Im sechsten Monat wurde der Engel Gabriel von Gott in eine Stadt in Galiläa namens Nazareth zu einer Jungfrau gesandt. Sie war mit einem Mann namens Josef verlobt, der aus dem Haus David stammte. Der Name der Jungfrau war Maria. Der Engel trat bei ihr ein und sagte: Sei gegrüßt, du Begnadete, der Herr ist mit dir. Sie erschrak über die Anrede und überlegte, was dieser Gruß zu bedeuten habe. Da sagte der Engel zu ihr: Fürchte dich nicht, Maria, denn du hast bei Gott Gnade gefunden. Du wirst ein Kind empfangen, einen Sohn wirst du gebären, dem sollst du den Namen Jesus geben. Er wird groß sein und Sohn des Höchsten genannt werden. Gott, der Herr, wird ihm den Thron seines Vaters David geben. Er wird über das Haus Jakob in Ewigkeit herrschen und seine Herrschaft wird kein Ende haben. Maria sagte zu dem Engel: Wie soll das geschehen, da ich keinen Mann erkenne? Der Engel antwortete ihr: Der Heilige Geist wird über dich kommen, und die Kraft des Höchsten wird dich überschatten. Deshalb wird auch das Kind heilig und Sohn Gottes genannt werden ... Denn für Gott ist nichts unmöglich. Da sagte Maria: Ich bin die Magd des Herrn, mir geschehe, wie du es gesagt hast. Danach verließ sie der Engel. (Lk 1, 26-38)*

Diese Stelle war der Ausgangspunkt für das weitere Nachdenken der Theologen, und nicht nur der Theologen. Denn hier wird – wir lassen die Frage nach der Geschichtlichkeit einer solchen Erzählung hier unberührt – das Verhältnis von Gott und Mensch ganz neu beschrieben. Klar wurde aber auf jeden Fall: Im Stall von Bethlehem ist ein Mensch geboren, aber im Stall von Bethlehem wurde eben auch Gott Mensch. Die Theologen in Ephesus formulierten deswegen: Maria ist die Gottesgebärerin, und deswegen ist Christus nicht nur Marien Sohn, sondern auch, wie Lukas hier formuliert: *Sohn des Höchsten*. Wie das gehen kann, bleibt auch in dieser biblischen Stelle ein Geheimnis, über das wir nicht mehr sagen können, als was hier gesagt ist: ein Geheimnis des göttlichen Geistes.

Im Sommer um 350, mitten im Juli, treffen sich nun zwei Personen auf dem Esquilino. Der Papst Liberius und ein reicher Römer. Beide hatten einen merkwürdigen Traum gehabt. Sie wurden im Traum aufgefordert, am nächsten Morgen an den Ort zu gehen, wo Schnee liegt, und dort eine große Basilika für Maria zu bauen. Und siehe da: Als der Papst auf den verschneiten Esquilino kam, fand sich dort auch gleich der Spender für diese Kirche. Ein geniales Zusammentreffen, das natürlich zum Bau der Kirche führte. Eine hübsche Legende, so skurril, wie man sich es nur wünschen kann, so irreal und traumhaft, dass jemand mit dieser Geschichte eben mal wieder klarmachen wollte, dass es kein Zufall, sondern gottgefügt ist, dass hier eine Marienkirche entstehen soll: Maria, die Große – Maria Maggiore.

Wenn man sich in diese Kirche hineinbegibt, ist man umhüllt von Mosaiken. Und vielleicht gibt keine der anderen Basiliken in Rom so schön wieder, wie man sich in derartigen Gotteshäusern früher fühlen konnte. Überall werden Geschichten des Alten und Neuen Testamentes erzählt, aber ganz vorne vor allem Geschichten mit Maria, oder besser: die Kindheitsgeschichte Jesu aus der Sicht der römischen Kaiserkultur. Die ersten Kapitel des Lukasevangeliums eben – und Maria ist hier gekleidet wie eine Kaiserin und sitzt auch auf einem Thron.

Aber am tiefsten beeindruckt mich das Apsismosaik, das erst im Mittelalter entstanden ist. In der Mitte und übermenschlich groß sitzen auf einem breiten Thron zwei Personen, Jesus und Maria. Und Jesus hat eine Krone auf dem Kopf. Er hält in der Hand auch eine Krone, die er Maria aufsetzt.

Eine ungeheuer interessante Komposition! Was soll hier gezeigt werden? Zunächst und vor allem: Wenn hier ein solches Mosaik im Mittelpunkt der Apsis gefertigt ist, dann deswegen, weil die Botschaft, die damit verbunden ist, höchst wichtig ist. Und gleichzeitig ist diese Kunst Ausdruck einer weit verbreiteten Spiritualität. Es geht hier nicht um eine gewagte künstlerische These, sondern um den Ausdruck einer Frömmigkeit, die über Jahrhunderte hin Tradition hat.

Aber was ist hier gemeint? Ganz offensichtlich ist das eine »himmlische Szene«. Eine Szene, die in einer anderen Sphäre spielt, nicht auf dieser Erde, sondern im Bereich Gottes. In der Tat wird hier eigentlich nichts anderes gesagt, als was die Zukunft des Menschen und seine Würde betreffen. Denn Maria ist ja »eine von uns«, ein Mensch wie wir, der aber in besonderer Weise im Dienst Gottes steht. Maria ist »angekommen« in der Gemeinschaft mit Gott und Christus. Und Christus »krönt« sie jetzt. Sie ist nicht von vornherein wie Christus König der Welt, weil er Sohn Gottes ist – aber sie wird es jetzt. Das ist ihre Bestimmung, die sich erfüllt. Sie ist Königin.

Und die Betrachter dieses Bildes verknüpfen damit auch sich selbst: Denn wenn Maria eine von uns ist, und das ihr Weg ist, Tochter Gottes zu sein, dann wird doch auch etwas über mich, über uns Menschen gesagt – über unsere eigentliche Perspektive: Auch wir sind ja Söhne und Töchter Gottes, königlich wie Christus, natürlich nicht aus uns heraus, sondern weil wir von Christus in diese Wirklichkeit geführt werden.

Natürlich ist Maria besonders: Die Geschichte des Lukas zeigt sie als Erwählte, aber sie ist eben auch eine von uns, eine einfache Frau, ein einfaches Mädchen, das diese Würde der Königin von Christus bekommt. Wie ein Echo klingen hier die Worte aus dem ersten Petrusbrief: *Ihr aber seid ein auserwähltes Geschlecht, eine königliche Priesterschaft, ein heiliger Stamm, ein Volk, das ein besonderes Eigentum wurde, damit ihr die großen Taten dessen verkündet, der euch aus der Finsternis in sein wunderbares Licht gerufen hat. Einst wart ihr nicht sein Volk, jetzt aber seid ihr Gottes Volk. Einst gab es für euch kein Erbarmen, jetzt aber habt ihr Erbarmen gefunden. (1 Petr 2, 9-10)*

Hier, in diesem einfachen und doch so bildgewaltigen Mosaik, steckt also eine spannende Theologie und Grundauffassung. Das wird noch deutlicher, wenn man sich auf diesem Mosaik anschaut, wer – kleiner – auch noch dargestellt ist. Dann gewinnt dieses Mosaik geradezu eine kirchenpolitische Brisanz, die – so denke ich – auch gewollt ist: denn der (das Mosaik stiftende) Papst, Petrus und Paulus, die Apostel, die Franziskaner, die Engel – alle sie sind kleiner dargestellt, und das heißt in der Bildsprache auch: weniger bedeutsam. Maria ist darüber hinaus die einzige Frau auf diesem Mosaik, in derselben Größe wie Christus, an einer gleichwertigen Position.

Maria steht dafür, worum es in der (katholischen) Kirche eigentlich geht: um die Beziehung mit Christus, um die gemeinsame Würde aller, die Volk Gottes sind, weil sie von Christus erlöst sind (siehe das Zitat aus dem 1. Petrusbrief). Wir haben dieselbe Würde wie Maria, wir sind eine königliche Priesterschaft.

Dem Tod begegnen

Ich kann diesen ersten Rundgang durch Rom nicht beenden, ohne auch erstmals in den Petersdom zu treten. Gleich beim Eingang rechts begegne ich Maria in einem anderen Moment ihres Lebens. Es ist gleichwohl kein biblischer Moment. Und deswegen wird es auch hier wieder spannend. Es ist eine Skulptur von Michelangelo, jenem genialen Künstler, der in Rom vielfältig wirksam war. Und es ist Maria, die den toten Jesus, eben gerade abgenommen vom Kreuz, hält, eine typische Darstellung des Mittelalters. In unglaublich vielen katholischen (oder ehemals katholischen) Kirchen findet man diese beiden wieder zusammen, an einer ganz anderen Stelle ihres Weges. Nicht die Geburt, nicht die Herrlichkeit, sondern der Schmerz der Mutter über den toten Sohn beherrscht hier die Szene.

Eine solche Spiritualität ist vor allem im Mittelalter gewachsen. Die grausamen Szenen des Kreuzes und des Leidens Jesu sind vielfach aus eben dieser Zeit, oft ganz realistisch mit viel Blut und Zeichen der Folterung. Warum? Weil für die Menschen der damaligen Zeit der leidende Christus und die verzweifelte Mutter den spontansten Zugang zum Geheimnis von Tod und Auferstehung bildeten. Man muss hier erneut bedenken, dass seit dem Mittelalter für viele Menschen die Messe kaum zugänglich war. Sie war in Latein, sie wurde vom Priester »gelesen«, und man konnte nicht wirklich »mit dabei sein«. Nur ganz selten verstand man etwas – und doch suchten ja alle nach ihrem Weg zum Glauben.

Hier entstand so etwas wie eine volksnahe Frömmigkeit, in Bildern und Zeichen, in Skulpturen und Kunstwerken, in Gebeten und Gesängen. Und unmittelbar konnten Menschen, die Leiden zu tragen hatten, sich mit Christus identifizieren – oder mit Maria, die hier den schwersten Verlust, den Tod ihres Sohnes, tragen muss.

Für mich war das – vor langer Zeit – auch der erste persönliche Zugang zu Maria. Es war eine schwierige Zeit voller Selbstzweifel. Da kam mir dieses Bild vor Augen, und ich dachte: So wie du, Maria, den toten Jesus hältst, so soll ich vielleicht auch mich »Toten« halten. Das war eine tiefe Erfahrung, und ich wusste ja, wohin das Tote führen kann – zur Auferstehung nämlich. Und diese Haltung, nicht wegzulaufen, und die Auferstehung zu erhoffen und zu erwarten, dazu hat mich diese Skulptur ermutigt, mich innerlich tief berührt und mir Kraft geschenkt.

Ich erzähle das, damit noch einmal deutlich wird, dass es hier nicht zuerst um eine akademisch-rationale Theologie geht – sondern um etwas sehr Existenzielles, sehr herausfordernd Persönliches. Und in dem Hinschauen auf diese Skulptur geschieht im Grunde so etwas wie eine zutiefst menschliche Identifikation, in der aber eben auch die ganze christliche Botschaft und Hoffnung auf Erlösung enthalten ist.

Ich denke, dass eine solche Maria-Spiritualität wirklich ein tiefer Ausdruck christlichen Glaubens ist – es geht einfach darum, mit Maria die Botschaft des Glaubens für sich selbst real werden zu lassen.

Guadalupe in Mexiko

Zu Weihnachten 2014 hatte ich die Gelegenheit, in Mexico-City zu sein. Das ist eine überaus spannende Erfahrung, die katholische Kirche dort kennen zu lernen. Es macht immer wieder deutlich, welchen großen Schatz es für mich bedeutet, »katholisch« zu sein. Ich konnte Gast sein in einem Pfarrhaus (es gibt eine katholische Version des Couchsurfing), und mit dem Pfarrer durfte ich Weihnachten feiern. Auf eine ganz besondere Weise ist mir hier auch Maria nahegekommen. Am Heiligen Abend vormittags regnete es zwar, Padre Benjamin wollte mir dennoch die Pyramiden und Bauwerke der indigenen Kulturen der mexikanischen Ureinwohner zeigen. Und so besuchten wir diesen archäologischen Tempel- und Stadtkomplex, gar nicht weit entfernt von Mexiko-City. Ich bestaunte die Mond- und Sonnenpyramide, ich bestaunte auch die Malereien und Symbole einer hochentwickelten Zivilisation, die lange vor der Ankunft der katholischen Spanier hier gelebt und Kultur gestaltet hatte.

Einen Tag später sind wir dann zum Nationalheiligtum der Mutter Gottes von Guadalupe gefahren – ein riesiger Wallfahrtsort. Und Padre Benjamin erzählte mir, dass immer am 12. Dezember, dem Jahrestag der »Erscheinung« Mariens, über sieben Millionen Christen hierherkommen. Kaum zu glauben. Aber so ist es. Und nicht nur in Guadalupe selbst – sondern überall in Mexiko finden in dieser Zeit vor Weihnachten Wallfahrten statt, und »alle« sind dabei.

Bevor wir in die riesige Kirche gingen, erzählte mir Benjamin, was es mit dieser Erscheinung auf sich hat; und dass es eigentlich keine Erscheinung ist, sondern eine »Begegnung« war. Ich hörte mit wachsender Spannung zu.

Die Spanier hatten Mexiko erobert und wollten nun auch die Mexikaner zu katholischen Christen machen. Das gelang vielleicht bei einigen, aber die meisten, vor allem die Ureinwohner, blieben sehr abwartend. Einen inneren Zugang zur spanischen Version des Katholizismus fanden sie nicht. In dieser schwierigen Zeit lebte ein Mestize namens Juan Diego. Die Mestizen waren weder bei Spaniern noch bei den Ureinwohnern anerkannt, sie waren ja »dazwischen«. Ihm, dem armen Bauern, begegnete eines Tages »eine Frau«. Sie gab ihm einen Auftrag. Er möge doch bitte zum Bischof gehen und ihm sagen, dass ihm Maria begegnet sei. Juan Diego tat dies, aber – wie kaum anders zu erwarten – der Bischof nahm ihn nicht ernst. Traurig kehrte Juan Diego zurück, und wieder begegnete ihm »die Frau«. Sie sagte, er möge es noch einmal versuchen. Aber Juan Diego drückte sich. Er traute sich nicht mehr, was eigentlich sehr verständlich ist. Als »die Frau« ihm am Abend wieder begegnete und ihn fragte, wie es denn beim Bischof war, suchte er eine Ausrede und sagte ihr, dass er wegen eines kranken Onkels nicht zum Bischof hatte gehen können ... Die Frau schaute ihn an und sagte: »Ich bin doch Maria, meinst du nicht, dass ich mich darum kümmern kann?« Juan Diego also versprach, es doch noch mal zu versuchen. Diesmal sollte er Rosen mitnehmen, die ihm die Frau gegeben hatte. Er versuchte es auch, und auch diesmal hielten ihn schon die Wächter des Bischofs ab. Sie rissen ihm die Rosen aus der Hand, und sie fielen zu Boden. Aber – auf dem einfachen Gewand von Juan Diego fand sich nun – wie eine Fotografie – das Abbild jener »Frau«.

Und dieses »Bild« auf dem Gewand, dessen Ursprung nicht erklärbar ist, hängt noch heute in der Wallfahrtskirche, und es ist außerordentlich. In jeder Hinsicht eine Sensation. Es geht weniger um die kaum lösbare Frage, wie dieses Bild auf das Leinen gekommen ist – es geht mehr um das Bild selbst, um die Ikonographie dieses Bildes, denn mit diesem Bild konnten alle mexikanischen Ureinwohner etwas anfangen. Es nimmt nämlich sämtliche Symbole und Zeichen der indigenen Kulturen auf, so dass alle sofort verstanden, wer hier gemeint war: eine schwangere Jungfrau, die Königin ist – eben Maria. Und auf diese Weise wurde den Mexikanern spontan klar, dass das auch ihr Glaube sein konnte, und sie wurden Christen.

Das ist wirklich eine spannende Geschichte. Sie erzählt, wie das Evangelium von Jesus Christus und der Erlösung in eine andere Kultur gekommen ist – durch Maria. Ihre »Gestalt«, ihre Begegnung mit einem gesellschaftlichen Outsider war dem Volk so nah, dass es dadurch einen echten Zugang zum Christentum finden konnte. Maria war und ist auch hier »eine von uns«. Und so verwundert es nicht, dass sie hier eben kein Mädchen aus Palästina ist, sondern eine »Frau aus dem Volk«, bis in den Gesichtsschnitt hinein. Hier geschieht das, was in der Theologie »Inkulturation« heißt: Die Botschaft des Evangeliums muss immer wieder neu gesagt werden in den immer wieder neuen Kulturen aller Zeiten. Denn auch der Glaube eines katholischen Europäers ist nicht universal – oder besser: Seine Universalität ist untrennbar verknüpft mit bestimmten kulturellen Erfahrungen. Und andere Kulturen müssen das Evangelium »auf ihre Art« entdecken können.

Mir rückt in diesem Zusammenhang ein Zitat des verstorbenen Bischofs Klaus Hemmerle sehr nahe, der im Kontext der Frage nach der Verkündigung des Evangeliums an die nächste junge Generation in seiner ihm eigenen genialen Formulierungskraft sagte: *Lass mich dich lernen, dein Denken und Sprechen, dein Fragen und Dasein, damit ich daran die Botschaft neu lernen kann, die ich dir zu überliefern habe* – es geht darum, wirklich Mensch zu werden in einer bestimmten Zeit und an einem bestimmten Ort, und von daher das Evangelium in dieser neuen Kultur authentisch zum Ausdruck zu bringen.

Was hier als Haltung angegeben wird, wird in der Geschichte von Guadalupe Wirklichkeit. Was man theologisch zum einen Prinzip der Inkulturation machen könnte – und es gibt ja auch viele Ansätze einer Theologie der Inkulturation –, wird hier in der Begegnung (nicht »Erscheinung«, wie Padre Benjamin nicht müde wird, mir zu sagen) von Maria mit dem Mestizen Juan Diego personale und existenzielle Wirklichkeit.

Und wieder ist eine Prise Provokation in dieser Erzählung, die für die Mexikaner die Grundgeschichte ihres katholischen Glaubens ist: Das Evangelium zu verkünden war hier wieder einmal nicht zuerst Sache der Bischöfe und Priester, der Gelehrten und Theologen – sondern eine Sache des Volkes, ja der Armen und Eingeborenen, der Kleinen. Und Maria war so nah, konnte ihnen begegnen, weil sie »eine von uns« war.

Die kleinen portugiesischen Kinder und die Gemeinschaft der Heiligen

An einem regnerischen Samstag im Winter 2015 bin ich zum ersten Mal in meinem Leben in Fatima gewesen. Fatima ist einer der großen europäischen Wallfahrtsorte, neben Lourdes und Tschenstochau. Millionen von Menschen fahren jedes Jahr dorthin. Auch in Deutschland gibt es solche Wallfahrtsorte. Es sind fast alles Marienwallfahrtsorte, zu denen Menschen kommen – um zu beten und ihren Glauben zu vertiefen. Welche Rolle spielt dabei Maria? Ganz einfach ist das nicht zu klären, finde ich – aber Tatsache ist, dass Menschen, die sich hierhin auf den Weg gemacht haben, ihrer Sehnsucht nach tieferer Begegnung mit Gott nachgehen und in Maria einen Zugang finden. Meist liegen diese Orte nicht an den Hauptstraßen dieser Welt, sind irgendwie im Abseits, aber haben eine besondere Anziehungskraft.

So war es auch in Fatima. An diesem regnerisch-kühlen Tag versuchte ich, diesen Ort zu verstehen. Und hörte erst einmal in die Geschichte der »Marienerscheinungen«. Es war der 1. Weltkrieg, und Fatima liegt weit weg von den Krisenzentren dieser Erde. Portugal war zu dieser Zeit ein antikatholisches Land, und die Regierung wollte alles dafür tun, dass dieser katholische Glaube verschwand. Es war schwierig für die Kirche. Und die Bischöfe und Priester versuchten, möglichst außerhalb des Radarschirms der staatlichen Aufmerksamkeit weiterzumachen. Eines Tages waren in der Nähe von Fatima drei Kinder mit dem Hüten einer Schafherde beschäftigt, als ihnen eine lichtvolle Frauengestalt begegnete und ihnen Botschaften mitgab. Die Kinder waren ganz aufgeregt und erzählten zu Hause davon. Ihre Eltern gingen mit ihnen zum Priester, der ihnen aber nicht glaubte und ihnen sagte, sie sollten nichts davon weitererzählen. Die »Frau« hatte ihnen gesagt, dass sie jeden Monat wieder da sein würde – und in den nächsten Monaten passierte das auch so. Immer mehr Leute bekamen Wind von der Sache, obwohl der Pfarrer es verhindern wollte. Die Kinder waren fasziniert von diesen Begegnungen und blieben es. Sie bekamen Botschaften von der Frau, die nicht alle auf den ersten Blick zu entschlüsseln waren, aber ein Resultat trat ein: Menschen begannen, an diesem Ort zusammenzuströmen und intensiv zu beten.

»Mehr« ist eigentlich nicht passiert. Als ich an diesem Tag nach Fatima kam, erlebte ich zunächst, dass um 11 Uhr etwa 3.000 Menschen in der neu errichteten Wallfahrtskirche Gottesdienst feierten. Beeindruckend viele, aus mehreren Ländern. Später dann ging ich auf den großen Platz, auf den bestimmt an Festtagen fast 100.000 Menschen, junge und alte, zusammenkommen und Gottesdienst feiern. Der Platz ist umrahmt von einer älteren kleinen Wallfahrtskirche – und am Rande des Platzes, an der seinerzeit die Erscheinungen gewesen sind, ist eine moderne Kapelle aus Glas errichtet, zu der jetzt auch an diesem Morgen immer wieder Pilgergruppen, kleine wie große, kamen.

Es ist ein Ort intensiven Gebetes, und es ist so, dass das Beten solche besonderen Orte braucht. Es ist für Menschen wichtig, sich auf den Weg zu machen mit ihren Anliegen und Sehnsüchten, und an einen Ort zu gelangen, wo diese Gebete »ankommen« können. Und offensichtlich sind es oft Orte, die in irgendeiner Weise mit Maria zu tun haben.

In der katholischen Kirche ist Maria »mütterliche Fürsprecherin«, und darin steckt eine tiefe menschliche Zugänglichkeit und warme Nähe. Hinter diesem Gedanken steckt eine Idee von umfassender Gemeinschaft mit Christus, zu der alle Christen aller Zeiten gehören. Und in dieser Gemeinschaft sind ja auch jene besonderen Menschen wie Maria. Und sie sind »ansprechbar«, man kann mit ihnen in Beziehung treten, vor allem dann, wenn man sich ihnen nahe fühlt. Es geht in keiner Weise darum, Maria an die Stelle von Christus zu setzen; er ist es ja, der diese Gemeinschaft begründet, als Gemeinschaft in seiner Liebe. Dann ist es aber so, dass ich in dieser Gemeinschaft mich vielleicht mit manchen Anliegen spontan an Maria wende, mit der Bitte, dieses Anliegen mit ihrem Gebet zu Christus zu verknüpfen und somit zu verstärken.

Wir hatten schon gesagt, dass offensichtlich gerade Maria für viele Christinnen und Christen aller Jahrhunderte und Nationen diesen Zugang eröffnete und so Menschen ermöglichte, tiefer mit Christus und seiner Botschaft in Berührung zu kommen. Nein, sie ist keine »Nebengöttin«, aber sie ist oft wie eine Tür, durch die Menschen in die Gemeinschaft mit Christus eintreten können. Im Grunde betont diese Perspektive einer Gemeinschaft der Heiligen und Fürsprecher die gemeinschaftliche Dimension des christlichen Weges. Dabei geht es nicht nur darum, dass wir nie alleine Christen sein können, sondern immer auch die Gemeinschaft der Brüder und Schwestern brauchen, um wachsen zu können – es geht auch darum, dass wir uns als katholische Kirche nicht nur vor Ort und weltweit verknüpft sehen, sondern eben auch durch die Zeiten verbunden sind, mit allen, die in Christus sind.

Der Rosenkranz

Ich war zu Gast in der Diözese Pala in Kerala/Indien. In Begleitung einiger Priester der Diözese lernte ich in einem dreitägigen Schnellkurs gewissermaßen, wie hier katholische Kirche geht. Das war insofern auch interessant, weil ja immer mehr indische Priester auch in Deutschland ihren Dienst tun. Auch deswegen war ich gekommen, um zu sehen, aus welchen Erfahrungen sie schöpfen. Eine dieser selbstverständlichen Erfahrungen einer indischen Christenheit, die sich in ihrer Gründung schon auf den Apostel Thomas beruft, der hier Ende des 1. Jahrhunderts nach Christus das Christentum gebracht haben soll, hat mich besonders berührt.
An einem Abend so gegen 19.30 Uhr besuchten wir eine Familie. Jeden Abend wird dort der Rosenkranz gebetet – ein typisches katholisches Gebet. Alle kamen zusammen, und für eine halbe Stunde, vor dem Abendessen, beteten alle Generationen der Familie dieses Gebet. Ich bin heute noch sehr beeindruckt, und ich weiß auch, dass das bis in die 50er-Jahre in Bayern und in anderen katholischen Gebieten sehr üblich war.

Es ist vielleicht die Gebetspraxis, die am meisten unter Katholiken verbreitet ist. Sie hat eine lange Entstehungsgeschichte und ist ein typisches Zeichen für die Frömmigkeit des Volkes, die in unserer Kirche sehr gefördert wird. Einer der herausragenden Entstehungspunkte dieser Spiritualität, die ihre Wurzeln noch weiter in der Vergangenheit hat, ist die franziskanische Bewegung.

Fast jeder kennt den heiligen Franziskus. Ein faszinierender Heiliger – und er kommt uns ja, seitdem ein Papst seinen Namen angenommen hat, wieder sehr nahe. Franziskus lebte in einer Umbruchszeit. Die scheinbare Stabilität und Statik des Mittelalters begann sich aufzulösen. Der Handel nahm zu, Städte bildeten sich, und die Mobilität wurde größer. In dieser Zeit, in der die Kirche häufig sehr abgehoben von den Menschen war, und in der es viel Unruhe deswegen gab, weil die oberen Kirchenhierarchen oft alles andere als glaubwürdig waren, war die franziskanische Bewegung eine Revolution – auch im Stil ihres christlichen Lebens. Sie wollten ja nicht nur Bettler sein, arm wie Christus; sie waren auch Wanderprediger – und sie gingen von Ort zu Ort und bildeten kleine Konvente.

Damit waren sie vollkommen anders als die großen Klöster dieser Zeit. Hier war ein sehr geprägtes christliches Leben, das seinen spirituellen Rhythmus im Stundengebet fand. Das Stundengebet beschreibt über den Tag eine Reihe von Gebetszeiten, in der immer wieder die 150 Psalmen miteinander gebetet und gesungen werden. Damals ausschließlich auf Latein – und es war und ist eine hohe Kunst, diese Psalmen zu singen und zu beten.

Die junge franziskanische Bewegung entwickelte eine andere Form des Gebets. Es musste ja tauglich sein für die langen Märsche und Wege, die die Brüder meist zu zweit miteinander unternahmen, um von Ort zu Ort zu kommen. Hierzu eignete sich die Form des Rosenkranzes. Man nahm eine Schnur, auf der 50 Holzperlen oder Knoten aufgereiht waren, dazwischen waren 5 größere Perlen. Und es gab eine geprägte Anfangs- und Endform des Gebetes. Entscheidend aber ist die Zehnerkettung und ihr Intervall durch die größere Holzperle. Immer 10 Gebete des »Ave Maria« wurden mit einem Christusgeheimnis verknüpft, und eingeleitet wurden diese 10 Gebete durch das Vater-Unser (die dicke Perle).

Was betet man da?

Gegrüßet seist du Maria.
Voll der Gnade.
Der Herr ist mit dir.
Du bist gebenedeit unter den Frauen.
Und gebenedeit ist die Frucht deines Leibes.
Jesus.

Heilige Maria, Mutter Gottes, bitte für uns Sünder.
Jetzt und in der Stunde unseres Todes.

Ein merkwürdiges Gebet. Der gesamte erste Teil des Grußes an Maria stammt aus dem Lukasevangelium. Es ist zunächst das Zitat aus der Begegnung des Engels mit Maria bei der Verkündigung, dem sich ein weiteres Zitat aus dem Lukasevangelium anschließt, nämlich jene Worte, die Elisabeth, die Verwandte Mariens und Mutter von Johannes des Täufers, bei ihrer Begegnung zu Maria sagt (Lk 1,42). Ein biblisches Gebet also.

Dann wird Maria angesprochen, als mütterliche Fürsprecherin, in einer allgemeinen Bitte, die den Betenden hineinführt in die Gemeinschaft der Heiligen, von der wir schon einmal gesprochen haben.

Der Clou an diesem Gebet ist nun, dass es ja zehnmal wiederholt wird und diese Zehnergebete mit einer Szene aus dem Leben Jesu verknüpft werden. Wer also einen kompletten Rosenkranz betet, vertieft insgesamt fünf Geheimnisse aus dem Leben Jesu. Davon gibt es klassisch drei Versionen: Es geht um die Geburt Jesu (den »freudenreichen« Rosenkranz), das Leiden Jesu (den »schmerzreichen« Rosenkranz) und die Auferstehung Jesu und seine Folgen (den »glorreichen« Rosenkranz).

Mit anderen Worten: Wer diesen Rosenkranz täglich oder immer wieder betet, der kann in eine Schule des Betens eintreten, die ihn in ganz verschiedenen Dimensionen prägt. Zunächst einmal ist ja dieses Gebet kein »rationales« Gebet: Man kann unmöglich jedes Mal ganz bewusst dabei sein. Es ist vielmehr ein kontemplatives und meditatives Gebet: In der immer wiederkehrenden Abfolge des Gebetes entsteht so etwas wie ein geistlicher Raum, in dem Begegnung mit Gott stattfinden soll. Zugleich meditiert der Beter oder die Betende die Geheimnisse des Lebens Jesu und verknüpft sie vielleicht mit seinem Leben. Er wird auf jeden Fall ein »Kenner« des Lebens Jesu.

Und es kommt noch ein Weiteres hinzu. Es war und ist ideal für Menschen – wie damals für die Franziskaner –, die nicht die Zeit für eine große und aufwändige Stundenliturgie haben, sondern viel unterwegs sind. Es reichen wenige Gebete, die man schon bald auswendig und eben auch inwendig vor sich her und miteinander sprechen kann.

Ich gebe zu, ich habe lange Zeit gebraucht, um einen Zugang zu diesem Gebet zu finden. Mich hatte immer abgeschreckt, dass in bayerischen Dorfkirchen und auch anderswo Gläubige dieses Gebet so eintönig herunterleierten. Ich fand keinen persönlichen Bezug dazu. Erst als ich verstand, dass das Eigentliche dieses Gebetes ja nicht das äußerliche Beten ist, sondern dass dieses äußerlich eintönige Beten einen inneren Raum der Meditation öffnen kann, fand ich einen echten Zugang dazu. Und offensichtlich lieben viele Katholiken von Herzen diese einfache Möglichkeit, mit Gott ins Gespräch zu kommen, denn auch wenn das Gebet sich an Maria richtet, geht es doch wesentlich um den Weg Jesu, unseren Weg mit ihm.

3. Über Päpste, Bischöfe, Hierarchien und Sakramente

Immer dann, wenn man sich ein Bild von der katholischen Kirche macht, fällt sofort der Blick auf den Papst – und damit verbunden auf eine scheinbar sehr hierarchisch aufgebaute Institution, die von oben nach unten »durchregiert« wird. Entscheidend an der Kirche scheint dann die Institution, sind Priester, Bischöfe und eben der Papst als Autoritäten – und die vielen Gläubigen sind ihnen untergeordnet und haben gehorsam zu folgen. Ist das wirklich so?

Von der Botschaft der Heiligen Schrift her und dem, was ich im Kapitel 1 des Buches versucht habe zu beleuchten, stellte sich die Kirche aber sehr anders dar: Ist sie nicht zuerst und vor allem das Volk, das Gott sammelt, eine große Sammlungsbewegung Gottes – das Volk Gottes unterwegs? Wie passt das zusammen? Sind das zwei Kirchen? Hat die Institution der katholischen Kirche die Grundidee des Kircheseins verraten?

Meine Antwort ist recht klar: In allen Kirchen menschelt es sehr. Die Schwäche von leitenden Personen, aber auch die Anfälligkeit für zeitgeistige Moden führen zu Deformationen des Kircheseins. Meine Kirche ist immer wieder – und auch heute – in so einer Krise. Doch diese beiden Dimensionen des Kircheseins – die Sammlungsbewegung Gottes und die hierarchische Institution – gehören wesentlich zusammen. Ich möchte hier versuchen, auf dem Hintergrund von Theologie und Erfahrungen zu erklären, was es mit dem Papsttum und seiner Rolle auf sich hat. Und dann möchte ich beschreiben, warum es in unserer Kirche ein Weiheamt des Priesters und Bischofs gibt, und wozu es da ist. Das kann dann auch deutlich machen, was eigentlich mit dem Begriff der Hierarchie gemeint ist – und was für einen Sinn eine institutionalisierte Kirche macht. Auf diesem Rundweg durch eines der interessantesten Gelände der oft fremd erscheinenden katholischen Welt kommen wir natürlich auch an die Frage des Zölibats.

Rund um St. Peter

Sehr oft konnte ich während meiner Studienzeiten – wie schon erwähnt – Gruppen von Touristen durch Rom führen. Sehr beliebt war dabei immer, dass eine solche Gruppe zu einer Audienz mit dem Papst auf dem Petersplatz oder in der Audienzhalle wollte. Das prägte das Reiseprogramm immer sehr, denn damit war klar: Der Mittwochvormittag, an dem diese Audienzen stattfinden, ist bis in den frühen Nachmittag verplant. Da alle nach St. Peter strömen, und seit dem Papstattentat in den 80er-Jahren alle Besucher des Platzes gut kontrolliert werden – fast wie an einem Flughafen –, braucht es seine Zeit. Es vergeht viel Zeit mit Warten, bis dann etwa um 10.30 Uhr der Papst kommt, durch die Reihen fährt und grüßt, einen kurzen Impuls setzt – und dann, nachdem in mehreren Sprachen dieser Impuls noch einmal in einer Kurzform wiedergegeben wurde, die große Begrüßung einzelner Gruppen beginnt, die auf dem Platz versammelt sind. Das ist häufig der interessanteste Moment: Denn die Botschaft des Papstes geht zuweilen fast unter hinter dem Begrüßungsmarathon. Immer wenn eine Gruppe aus Spanien oder Brasilien begrüßt wird, ertönt von irgendeiner Seite ein frenetischer Jubel, man sieht Fahnen, die geschwenkt werden. Spätestens dann kommt der Moment, wo auch die deutschen Gruppen, Katholische wie Evangelische, sich bei ihrer Vorstellung laut bemerkbar machen. Und der Papst, der vorn unter einem Baldachin auf seinem Sessel sitzt, grüßt dann zuweilen merklich zurück. Das ist die Audienz. Mehr nicht. Langes Warten, kurze Rede und die Begrüßungen. Aber diese Begegnungen hinterlassen bei allen einen tiefen Eindruck. Trotz aller Anstrengung und Müdigkeit, trotz des frühen Aufstehens und langen Wartens in der Sonne blickt man hinterher in zufriedene und beeindruckte Gesichter.

Und ich erinnere mich an einen Extremfall dieser Begegnungen mit Papst Johannes Paul II. beim Weltjugendtag 1992 in Tschenstochau in Polen. Schon um 12 Uhr mittags musste man auf dem Platz sein, und man wartete bis zum frühen Abend in einer immer größer werdenden Menge von Jugendlichen, um dann einen kurzen Abendgottesdienst mit dem Papst zu erleben. Eine unglaublich dichte Atmosphäre war zu verspüren.

Was war da passiert? Ich habe den Eindruck, dass bei solchen Begegnungen und Audienzen Menschen eine reale Erfahrung der umfassenden katholischen Kirche machen. Menschen aus allen Nationen kommen zusammen, um den Papst zu treffen. Aber sie treffen den Papst in der Regel nur aus der Ferne, und seine Predigten kriegen sie kaum mit (es sei denn, sie lesen sie am nächsten Tag irgendwo nach). Entscheidend ist offensichtlich die Erfahrung zusammenzugehören, eine »Kirche« zu bilden, eben jene »Sammlung« zu erfahren, die Kirche ist, und die nur der Glaube bewirken kann. Das geschieht nicht einfach so – der Grund dieser Begegnung ist ja der Papst, der zu solchen Audienzen einlädt. Er ist im gewissen Sinn der äußere Grund dieser Erfahrung von Gemeinschaft, die sich in diesen wenigen Minuten doch sehr eindrücklich zeigt.

Hier ist vielleicht schon sehr viel von dem getroffen, was dieses Amt, dieser Dienst des Papstes eigentlich meint: Er steht dafür, dass Einheit erfahrbar wird und gelebt werden kann. Er macht diese Einheit und diese Gemeinschaft nicht, aber er ermöglicht ihr Aufscheinen, ihr Sich-Ereignen. Das Papstamt soll also der Einheit dienen ...

Die Kathedra Petri

Bei jeder Besichtigung von St. Peter kommt man irgendwann an die beeindruckende »Kathedra Petri«. Ein spannungsvoller Ort, genau im Scheitel der Apsis. Dort ist das berühmte Glasfenster, das den Heiligen Geist in Gestalt einer Taube zeigt. Direkt darunter die »Kathedra Petri«, einer Holzkanzel ähnlich – sie wird ihrerseits gestützt durch vier Skulpturen, vier große Kirchenlehrer: Augustinus, Ambrosius, Athanasius und Chrysostomos –Bischöfe und Theologen der ersten Jahrhunderte der Kirche.

Was hat es mit dieser Kathedra auf sich? Von diesem Ort aus werden jene Glaubenssätze vom Papst verkündet, die als unfehlbar gelten. Ein wichtiger umstrittener Ort also. Denn man muss bedenken, dass dieser Glaubenssatz von der Unfehlbarkeit des Papstes erst 1871 formalisiert und von einem Konzil beschlossen wurde. Nun wissen wir ja aus dem Nachdenken über Maria, dass es völlig unsinnig ist zu glauben, dass solche Glaubenssätze und Dogmen irgendwie vom Himmel fallen, sondern in der Regel einen langen Weg in der gewachsenen Tradition der Kirche hinter sich haben. Und dass sie nur so formal formuliert werden, wenn es aus einem wichtigen Grund notwendig erscheint ... Seit 1871 ist auch nur einmal, nämlich 1950, von diesem Recht Gebrauch gemacht worden, als das Dogma über die Aufnahme Mariens formuliert wurde.

Unfehlbarkeit ist ein weites und vieldiskutiertes Feld. Wie kann ein Mensch, so könnte man mit Recht fragen, unfehlbar sein? Und in der Tat: Ein Mensch ist nicht unfehlbar, und das sagt dieses Dogma auch nicht. Zunächst mal und vor allem hat das II. Vatikanische Konzil fortgesetzt, was das I. Vatikanische Konzil nicht vollenden konnte. Nach dem Beschluss über den Papst wurde dieses Konzil ja abgebrochen, weil in den nationalen Werdeprozessen Italiens der Kirchenstaat durch die Franzosen erobert worden war. Im II. Vatikanischen Konzil – ich gehe später noch darauf ein – formulierten dann die Bischöfe aus aller Welt den schon immer mitgedachten Rahmen dieser päpstlichen Unfehlbarkeit. Sie formulierten, dass das Volk Gottes als Ganzes unter Führung des Heiligen Geistes nicht irren kann – dieses Volk Gottes also in Sachen des Glaubens dann unfehlbar ist, wenn es in großer Einigkeit seinen eigenen Glauben erkennt.

Der Papst gehört ja auch zum Volk Gottes. Er steht nicht irgendwie darüber, aber in seinem Amt verdichtet sich die Einheit dieses Volkes, die Geschichte und die Tradition der Kirche, ihre grundlegend synodale Struktur, wie sie sich ja auch in Konzilien zeigt. Nicht als Person kann also der Papst in Sachen des Glaubens und der christlichen Lebensexistenz unfehlbar sein – da ist er nicht anders als jeder andere Mensch –, sondern in seinem Amt, oder besser: Amt meint ja Dienst – und dieser Dienst ist ein Dienst an jener Einheit des Gottesvolkes, die ich versucht habe, anhand einer Audienz zu erzählen.

Aber man kann sich natürlich auch über die Kunstinstallation dieser Kathedra Petri ein wenig an dieses Thema heranwagen und weiter interpretieren. Es fällt ja auf, dass diese Kathedra eingespannt ist zwischen Geschichte und Zukunft. Auf der einen Seite wird sie getragen von vier großen Theologen der christlichen Tradition. Man denke nur an Augustinus und seine Bedeutung auch für die Kirchen der Reformation. Sie tragen diese Kathedra. Was könnte damit gemeint sein?

Im Zusammenhang unseres Nachdenkens über Maria ist schon einiges deutlich geworden. Ganz lange nämlich, bevor überhaupt bei einem Konzil oder durch einen Papst irgendwelche Glaubensfragen diskutiert und entschieden werden, leben diese Fragen in der alltäglichen Glaubensexistenz der Christen vor Ort. Das Leben der Gläubigen, ihre Nachfolge, ihr Beten, ihr Miteinander sind eigentlich der Ursprung aller Erkenntnis im Glauben. Denn dieses Volk ist ja das Wichtigste in der Kirche, ist es doch das Volk, das Gott selbst zusammenruft im Blick auf die Gemeinschaft aller Menschen.

Diese Theologen, die hier als große Beispiele die Kathedra tragen, waren nicht zuerst akademische Theologen, sondern Bischöfe der Ortskirchen von Mailand, von Hippo, Konstantinopel und Alexandrien in Ägypten. Sie versuchten den Glauben ihrer Kirchen ins Wort zu fassen. Diese Theologien sind also nichts anderes als die bedachte und reflektierte Lebenstradition des Volkes Gottes, der Versuch, das Evangelium in der jeweiligen Zeit ins Denken und ins Wort zu bringen.

Auf dieser Tradition gründet die Kathedra Petri. Es geht also nicht darum, dass ein Papst, weder in seiner Person noch als Amtsträger, sich interessante Gedanken macht und überlegt, was man denn als Dogma unfehlbar formulieren könnte. Die Aufgabe und der Dienst des Papstes ist es vielmehr, darauf zu achten, dass diese große gelebte Tradition der Kirche an den verschiedenen Orten eben »eine«, die »katholische« Tradition ist. Und wenn dann Meinungsbildungen notwendig werden, dann gehört es zur Logik dieser Glaubensvergewisserung, an allen Orten zu fragen, was denn geglaubt, gelebt und verkündet wird. So ist es im Umfeld der marianischen Dogmen geschehen, so geschieht es interessanterweise auch im Kontext von Konzilien und Synoden, auf die ich später noch kommen werde.

Aber die Kathedra Petri ist nicht nur eingespannt in die gelebte Tradition unterschiedlicher Ortskirchen, wie sie die großen Bischöfe und Theologen symbolisieren (und von denen es natürlich noch viel mehr gibt), sondern diese Kathedra wird »von oben« festgehalten durch das Glasfenster des Heiligen Geistes. Das macht das Ganze noch spannender und zuweilen spannungsvoller.

Der Heilige Geist, so haben wir schon bedacht, steht ja für die Erneuerung der Kirche. Er ist nicht einfach eine Denkfigur, sondern die schlechthin dynamische Wirklichkeit Gottes, der das Angesicht der Erde (und nicht nur der Kirche und der Kirchen) erneuern will. Er steht also für das Einbrechen des Neuen und der neuen Erkenntnis. Denn, so schreibt es schon der Evangelist Johannes, das Erkennen des Glaubens und seiner Tiefe ist nicht einfachhin abgeschlossen, seitdem das Evangelium formuliert wurde. Sondern es ist ganz anders: Im Laufe der Zeit lässt uns der Geist Gottes immer neue Dimensionen unseres Glaubens entdecken. Im Johannesevangelium sagt Jesus seinen Jüngern: *Noch vieles habe ich euch zu sagen, aber ihr könnt es jetzt nicht tragen. Wenn aber jener kommt, der Geist der Wahrheit, wird er euch in die ganze Wahrheit einführen (Joh 16, 12-13).*

Dieser Fortschritt in Glaubensdingen hat mit dem Leben der Gläubigen, mit den Zeichen der jeweiligen Zeit zu tun – und das gilt es zu erkennen. Aufgrund solcher Erkenntnis sind dann eben auch neue Einblicke und neue Aussagen möglich. Sie sind nicht völlig neu, sondern erschließen die Tiefe des Evangeliums neu für eine bestimmte Zeit und schreiben die Geschichte des Evangeliums durch die Zeit fruchtbar weiter.

Wenn das so ist, ist das ein riskantes Unternehmen. Man kann ja solche Momente verpassen, und man kann sich schwer irren. Die Herausforderung an das Papstamt ist es, genau in dieser Spannung zwischen gewachsener Tradition und Einbrechen des Heiligen Geistes zu stehen und Erkenntniswachstum auszuhalten. Steht der Papst dabei alleine? Entscheidet er so etwas aus eigener Vollmacht? Ja und nein. Auf der einen Seite suchten damals, um 1871, die Konzilväter des I. Vatikanischen Konzils nach einer Möglichkeit, wie angesichts der veränderten gesellschaftlichen Bedingungen die katholische Kirche als eine Kirche schneller zu Entscheidungen kommt und auch im Papst eine Person findet, die diese Entscheidungen proklamiert. Damit antwortete die Kirche auf das Werden der Nationalstaaten und den politischen Herausforderungen der Zeit. Auf der anderen Seite war – und das beschreibt ja die Installation in St. Peter – das Papstamt immer schon eingewoben in die »Catholica«, die katholische Kirche, die immer schon ein vielgestaltiges Netzwerk der Ortskirchen war und weiter sein wird.

Der Papst ist Bischof einer Ortskirche

Wenn man mit Pilgergruppen oder Interessierten durch Rom geht, kommt man auch zur Basilika San Giovanni in Laterano, einer in ihren Ursprüngen Anfang des 4. Jahrhunderts gebauten Kirche, die natürlich im Laufe der Geschichte vielfach umgestaltet wurde. Aber diese Kirche ist nicht nur eine der vier großen Basiliken, vor allem ist sie die römische Bischofskirche. Nicht der Petersdom, sondern in dieser Basilika ist der Bischofssitz des Bischofs von Rom. Und der Bischof von Rom, als Nachfolger des Apostels Petrus, ist somit auch der Papst (und hat noch viele andere Titel).

Schon relativ früh, im ersten Jahrhundert nach Christus, waren die Apostel Petrus und Paulus in Rom. Im Stadtteil Trastevere lebte damals eine jüdische Gemeinschaft, eben weil Rom auch ein zentraler Handelsort war. Und so gab es auch schon sehr früh Christen dort, und es bildete sich eine Christengemeinde. Diese hatte einen Vorsteher, den »episcopus«, und das war als Erster Petrus.

Vielleicht muss man an dieser Stelle kurz innehalten und ein wenig das Werden der Kirche erklären. Nach der Auferstehung Jesu und der pfingstlichen Begeisterung bezeugen die Schriften des Neuen Testaments eine langsame, aber stetige Ausbreitung der

Botschaft des Evangeliums. Interessant ist, dass das Christentum offensichtlich ein städtisches Phänomen war (während Jesus ja vor allem auf dem Land unterwegs war). Angedockt an die Synagogen und später auch eigenständig entstanden kleine Hausgemeinden, Gemeinschaften von Christinnen und Christen, die sich langsam auch strukturierten. Es gab Vorstandsämter unterschiedlicher Art, und sehr langsam und ungleichzeitig schälte sich eine Struktur heraus, bei der in einer Stadt mit einer oder mehrerer Gemeinden ein »episcopus« Verantwortung übernahm, der ausgewählt wurde und dem dann in einer Feier der Gemeinde die Hände aufgelegt wurden. Wir würden heute sagen: Er wurde zum Bischof geweiht. Dieser »episcopus« hatte dann die Verantwortung für die Kirche an diesem Ort. Und wenn diese Kirche vor Ort wuchs und mehr Gemeinden an einem Ort entstanden, dann wurden weitere Amtsträger beauftragt: Es waren »presbyter«, »Älteste«, die für den Bischof und im Namen des Bischofs dann konkrete Verantwortung übernahmen. Auch sie wurden mit Handauflegung unter der Leitung des Bischofs beauftragt.

Dahinter lag kein »Strukturplan«, es hat sich auch nicht an allen Orten gleichzeitig so entwickelt, aber nach einigen Jahrzehnten und Jahrhunderten setzte sich diese Form durch und brachte für die katholische Kirche so etwas wie eine Grundstruktur in den Blick, die noch heute gilt. Sie ist anders als die der evangelischen Kirchen, eher ähnlich der orthodoxen und der anglikanischen Kirche.

Die Ortskirche

Wenn in der katholischen Kirche von einer »Ortskirche« die Rede ist, dann ist damit immer eine Kirche gemeint, der ein Bischof vorsteht: also ein Bistum. Und dieser Bischof ist – wie auch in Rom der Papst als Nachfolger des Apostels Petrus – immer eingebunden in jene Geschichte der Apostel, die an vielen Orten das Evangelium verkündet haben und so sich Kirche entwickeln konnte. Von daher spricht man auch von einer »apostolischen Sukzession«: einer Nachfolge der Apostel – und die Bischöfe stehen in der Tradition der Apostel. Das ist natürlich kein rein historisches Thema. Es geht um etwas anderes. Nichts ist meiner Kirche so wichtig, als die Authentizität des Ursprungs zu wahren. Es geht immer darum, dass die Botschaft des Evangeliums, dass der Schatz des Glaubens bewahrt bleibt und durch die Jahrhunderte weitergegeben werden kann. Und das geschieht zuerst und vor allem durch die Bischöfe, die miteinander in der katholischen Kirche in Verbindung stehen.

Es geht also nicht zuerst um Pfarreien und Gemeinden. Es geht um die Authentizität der Kirche an einem Ort, die dem Bischof anvertraut ist. Pfarreien und kleinere Gemeindeformen entstehen natürlich, wenn Menschen in dieser Ortskirche in den verschiedenen Dörfern und Städten sich als Gemeinden sammeln – und der Bischof ist dann verantwortlich dafür, dass auch diese Menschen Zugang zur Messe, Zugang zu Verkündigung, also Seelsorge haben und in ihrer Gemeinschaft leben können. Dafür sendet er Priester, bildet Seelsorgebezirke und Pfarreien. Völlig anders also als in den evangelischen Kirchen, in denen die lokale Gemeinde die zentrale Rolle spielt. Auch die evangelischen Kirchen haben ja zentrale Gremien und wählen auch Bischöfe oder Kirchenpräsidenten. Aber selbst wenn sich die Namen gleichen – gemeint ist dabei etwas durchaus anderes.

Zurück nach Rom

Die Ortskirche von Rom spielte aber eben immer eine besondere Rolle. Und das lag natürlich an Petrus und Paulus. Schon das Neue Testament macht ja deutlich, dass Petrus eine besondere

Rolle für das Ganze der Kirche spielt. Und wenn man in St. Peter in Rom zur imposanten Kuppel hinaufschaut, dann ist sie umrahmt von dem hier entscheidenden Satz: *Du bist Petrus, und auf diesem Felsen werde ich meine Kirche bauen.*

Aus dieser Perspektive bekommt die Peterskirche in Rom ihre Bedeutung. Denn nicht weit von der Basilika St. Peter stand der Circus des Nero, jenes Kaisers, der schon im ersten Jahrhundert eine Christenverfolgung anzettelte. Im Rahmen dieser Christenverfolgung kam auch Petrus im Circus des Nero um und wurde dann bald darauf an einem Friedhof in der Nähe bestattet. Das Gelände war schwierig und bergig, aber schon vor Kaiser Konstantin gab es dort eine kleine Kapelle, und Konstantin selbst, der ja 311 dem Christentum den Status einer erlaubten Religion zusprach, ermöglichte neben der Bischofskirche San Giovanni in Laterano auch den Bau einer Grabesbasilika St. Petrus. Die neue Peterskirche, die aus dem 16. Jahrhundert stammt, war ursprünglich als Kuppelbau einer Grabeskirche gedacht, direkt über dem Grab des Petrus, das man hier – mit Recht, wie die Archäologen sagen – verehrt. Damit gewinnt die Peterskirche in Rom eine universale Dimension für die gesamte Weltkirche. Sie ist das Symbol für Petrus, garantiert die Verknüpfung mit jenem Apostel, dem Christus selbst eine solche besondere Rolle für seine Kirche gegeben hat.

Es war schon von Anfang an so, dass man Nachfolger des Apostels zum Bischof von Rom gewählt hat. Wer das nachverfolgen will, der kann sich in Rom in der Basilika St. Paul vor den Mauern, wo Paulus seine Grabstätte gefunden hat, an den Bild-Medaillons der Päpste orientieren, die von Petrus bis Franziskus reichen und damit die Geschichte dieses Amtes dokumentieren.

Der Papst spielt also eine Doppelrolle. Er ist Bischof von Rom und damit Nachfolger des Petrus. Im Laufe der ersten Jahrhunderte wurde diese Rolle des Nachfolgers Petri immer wichtiger, als Ort der echten und ursprünglichen apostolischen Tradition. Wenn also irgendwo anders ein Bischof ernannt wurde, ein Verantwortlicher für diese Tradition, dann war es wichtig, dass er in Verbindung mit der römischen Kirche als – in der Perspektive des Petrus und seiner Aufgabe – »Mutter« aller Kirchen stand. Dieses Selbstbewusstsein kann man an der Bischofskirche San Giovanni in Laterano noch einmal deutlich schon auf einer Steintafel am Eingang ablesen. Dort steht geschrieben, dass diese Bischofskirche *mater et caput omnium ecclesiarum orbis* sei: *Mutter und Haupt aller Kirchen des Erdkreises.*

Klar ist allerdings auch: So sehr hier eine Vorrangstellung in den Blick genommen und beansprucht wird, so unterschiedlich war das Selbstverständnis durch die Zeiten hindurch. Vor allem dann, wenn es um Macht und politischen Einfluss ging – und das war nicht selten so –, hat man das eigentlich Gemeinte völlig überzogen.

Dieses Selbstverständnis ändert sich. Am jetzigen Papst kann man das gut beobachten: Denn Papst Franziskus hat schon ganz am Anfang seines Pontifikates, als er die Menschen auf dem Petersplatz mit einem »buona sera« begrüßte, deutlich gemacht, wie er die ihm zugedachte Rolle versteht: … *Und jetzt beginnen wir diesen Weg – Bischof und Volk –, den Weg der Kirche von Rom, die den Vorsitz in der Liebe führt gegenüber allen Kirchen; einen Weg der Brüderlichkeit, der Liebe, des gegenseitigen Vertrauens. Beten wir immer füreinander. Beten wir für die ganze Welt, damit ein großes Miteinander herrsche. Und nun möchte ich den Segen erteilen, aber zuvor bitte ich euch um einen Gefallen. Ehe der Bischof das Volk segnet, bitte ich euch, den Herrn anzurufen, dass er mich segne: das Gebet des Volkes, das um den Segen für seinen Bischof bittet. In Stille wollen wir euer Gebet für mich halten.*

Das sind spannende Töne. Schauen wir genauer hin. Von vornherein unterstreicht er nicht seine Rolle für die Weltkirche, sondern für die Kirche von Rom und redet zu den »Römern« auf dem Platz. Er beschreibt seine Aufgabe im Rahmen eines gemeinsamen Weges der Ortskirche von Rom: Nicht er ist nun der Chef, dem die Herde folgt, sondern die Kirche, wie sie Franziskus versteht, ist das Gottesvolk, das vom Heiligen Geist geführt wird – und in der der Bischof eine wichtige Aufgabe hat.

Diese Aufgabe des Bischofs hat der Papst in einer Rede an neue Bischöfe, die sich für einen Kurs einmal im Jahr aus aller Welt in Rom treffen, so beschrieben: *Mit dem Volk Gottes gehen: vor ihm, um den Weg zu zeigen, mitten unter ihm, um seine Einheit zu stärken, und hinter ihm, um sicherzustellen, dass keiner auf der Strecke bleibt, aber vor allem, um seinem Gespür für neue Wege zu folgen …*

In knappen Worten wird deutlich, wie Papst Franziskus seine Aufgabe selbst beschreibt. Es wird deutlich, dass es hier um einen Weg geht, bei dem der Bischof in vielfältiger Weise einen Dienst erfüllt – es ist vor allem ein »katholischer« Dienst, denn es geht darum, gemeinsam auf dem Weg zu sein, die Einheit zu stärken, niemanden zu verlieren, und zu entdecken – und nicht schon von vornherein selbst zu wissen –, wohin Gott dieses Volk führen will.

Erst nach diesem Anfang unterstreicht Papst Franziskus seine Rolle als Papst. Er spricht nicht von sich, sondern von der Kirche von Rom, die einen *Vorsitz in der Liebe* führt, und er meint *einen Weg der Brüderlichkeit, der Liebe, des gegenseitigen Vertrauens.*

Das ist nicht so selbstverständlich, und das wissen wir aus eigenen Erfahrungen in Deutschland. Brüderlichkeit, Liebe und gegenseitiges Vertrauen der Kirchen untereinander und vor allem in Bezug auf die Kirche von Rom gehören nicht zu den ersten

Assoziationen, die man bekommt. Ganz im Gegenteil. Aber wer diesem Papst zuhört, der entdeckt, dass er von einer neuen Kultur des Miteinanders in der Kirche träumt und darauf hinarbeitet; einer Kultur, die den christlichen Grundwerten genau entspricht. Das Verhältnis der Ortskirchen zueinander kann eigentlich nicht anders sein als ein Verhältnis tiefer Geschwisterlichkeit – kann man eigentlich ohne Vertrauen als Kirche weitergehen?

Gerade im Blick auf die Ökumene mit den orthodoxen und den protestantischen Kirchen wird es notwendig sein, eine neue Kultur des Papsttums zu entwickeln. Das Nachdenken darüber ist schon länger im Gang. Papst Johannes Paul II. hatte aufmerken lassen, als er in seiner Ökumenenzyklika »Ut unum sint« vor langen Jahren den Vorschlag gemacht hatte, die Gestalt des Papstamtes zu überdenken. Papst Franziskus greift das in *Evangelii Gaudium* auf, wenn er im Blick auf notwendige Veränderungsprozesse der Kirche formuliert: *Da ich berufen bin, selbst zu leben, was ich von den anderen verlange, muss ich auch an eine Neuausrichtung des Papsttums denken. Meine Aufgabe als Bischof von Rom ist es, offen zu bleiben für die Vorschläge, die darauf ausgerichtet sind, dass eine Ausübung meines Amtes der Bedeutung, die Jesus Christus ihm geben wollte, treuer ist und mehr den gegenwärtigen Notwendigkeiten der Evangelisierung entspricht. Johannes Paul II. bat um Hilfe, um eine Form der Primatsausübung zu finden, die zwar keineswegs auf das Wesentliche ihrer Sendung verzichtet, sich aber einer neuen Situation öffnet. In diesem Sinn sind wir wenig vorangekommen. Auch das Papsttum und die zentralen Strukturen der Universalkirche haben es nötig, dem Aufruf zu einer pastoralen Umkehr zu folgen. (Nr. 32f.)*

Ein letzter Gedanke wird mir immer wichtiger, wenn ich auf die ersten Worte des Papstes in der Loggia über den Petersplatz achte. Hören wir noch einmal hin: » … *Und nun möchte ich den Segen erteilen, aber zuvor bitte ich euch um einen Gefallen. Ehe der*

Bischof das Volk segnet, bitte ich euch, den Herrn anzurufen, dass er mich segne: das Gebet des Volkes, das um den Segen für seinen Bischof bittet. In Stille wollen wir euer Gebet für mich halten.«

Der Papst bittet das Volk um das Gebet, und in der Folgezeit hat er das wie einen Refrain am Ende seiner Audienzen und Reden immer wiederholt. Das kann ja eine wunderbare fromme Formel sein, und so habe ich sie am Anfang auch interpretiert. Aber mit Blick auf diese erste Äußerung verbirgt sich hinter der Bitte um das Gebet noch etwas weitaus Tieferes: Hinter der Bitte um das Gebet verbirgt sich eine Theologie des Volkes Gottes. Der Papst weiß sich als einer aus dem Volk Gottes, dem durch Erwählung und Weihe ein besonderer Leitungsauftrag zukommt. Aber dieser Auftrag wird getragen durch das Volk Gottes. Es erbittet den Segen, die Fülle des Geistes für den, der dann diesem Volk vorstehen soll, und es auch kann, weil das Volk Gottes als Ganzes ihn mit dem Gebet um den Geist Gottes trägt. Das gilt nicht nur für den Papst, sondern für alle geweihten Ämter in der Kirche. Sie leben davon, dass aus dem gemeinsamen Gebet des Volkes die Kandidaten für den Dienst des Priesters und des Bischofs mit dem Geist gestärkt werden, ohne den sie ihr Amt nicht ausführen können.

Und die Kardinäle?

Der Papst wird gewählt von etwa 120 Kardinälen. Vielleicht braucht es einen kurzen Blick auf diese Persönlichkeiten in unserer Kirche. Auch hier kann die Geschichte helfen. Wer immer durch Rom wandert, findet in vielen Kirchen Wappen von Kardinälen (jeder Kardinal hat als Bischof sein eigenes Wappen, wie der Bischof von Rom im Übrigen auch). Diese Wappen erzählen die Ursprungsgeschichte der Kardinäle. Es ist die Wachstumsgeschichte der Kirche von Rom in den ersten Jahrhunderten. Natürlich wuchs die katholische Kirche in Rom langsam, seit dem 4. Jahrhundert aber erheblich schneller. Das lag auch daran, dass die römischen Kaiser das Christentum zur Staatsreligion gemacht hatten, mit allen Vorteilen und Nachteilen. Natürlich wurden jetzt immer mehr Menschen Christen, vor allem auch Beamte, die ihren Job behalten wollten, aber es entstanden natürlich auch neue Gemeinden überall in der Stadt. Und der Bischof von Rom brauchte weitere Priester als Mitarbeiter, als »Pfarrer« dieser Gemeinden. Diese Priester bildeten sein »Presbyterium« und waren seine engsten Ratgeber. Man nannte sie auch »Kardinäle«. Hinter dieser Kurzform steckt eine sicher viel kompliziertere Geschichte. Im Grunde also waren diese Kardinäle nichts anderes als enge priesterliche Berater des Bischofs von Rom, sein Beratungskollegium, um die Angelegenheiten der Kirche in dieser großen Stadt zu klären.

Nun hat sich, vor allem seit etwa 100 Jahren, die katholische Kirche in allen Kontinenten dieser Welt weiterentwickelt, und heute ist die katholische Kirche weltweit, ja sie wächst und entwickelt sich vor allem in der Südhalbkugel dieser Welt, in Lateinamerika, Afrika und Asien. Bis zum II. Vatikanischen Konzil war meine Kirche sehr eurozentrisch, wenn nicht sogar italozentrisch. Schon bis dahin war klargeworden, dass für eine solche große Kirche nicht mehr die Pfarrer von Rom das entscheidende Beratungsgremium bilden können, sondern es waren Bischöfe vor allem aus Italien und später auch aus Europa, die das Gremium der Kardinäle bilden. Der Papst erwählt sie, und sie werden zu einem Ernennungsgottesdienst nach Rom eingeladen. Bei dieser Gelegenheit bekommen sie auch eine »Titelkirche« in Rom, und dies ist die Verbindung zur ursprünglichen Aufgabe der Kardinäle.

Seit dem II. Vatikanischen Konzil wird dieses Gremium, das ja auch den Papst wählt, immer internationaler, und in den letzten Jahren nimmt – mit Recht – die Zahl europäischer und vor allem italienischer Kardinäle ab. Immer mehr Kardinäle aus den jungen Kirchen Asiens, Afrikas und Lateinamerikas prägen das Bild und bilden damit sehr deutlich ab, dass die Zukunft dieser Kirche nicht eurozentrisch gedacht werden kann.

Die »Regierung« der Kirche und ihre schwierige Organisation

Eine Reihe von Kardinälen steht auch den »Ministerien« vor, die dem Papst zuarbeiten sollen. Es ist eine eher kleine Verwaltung, die eine so große Kirche wie die katholische hat, aber sie ist ein wenig geheimnisumwittert. Es mangelt nicht an Literatur über die Kurie, von Dan Brown bis Andreas Englisch, und man hat dann leicht den Eindruck, hier ist eine Truppe von Machtverwaltern zusammen, die alles, nur nicht Veränderung und Entwicklung fördern.

Ehrlich gesagt, kenne ich mich mit der Kurie nicht gut aus. Und ich kann weder bestätigen noch verneinen, dass es in der Kurie – und zumal in der langen Geschichte dieser Institution – nicht nur mit rechten Dingen zugegangen ist. Wer die Papstgeschichte und auch die Kuriengeschichte ein wenig studiert, wird zuweilen erschrecken über das Maß an Machtpolitik und auch skandalösen und kriminellen Energien, die man hier beschreiben konnte.

In der Tat tendieren alle Verwaltungsinstitutionen dazu, bestehende Verhältnisse mit aller Macht zu bewahren, und ich würde vermuten, dass leider auch hier massiv Machtpolitik getrieben wurde und wird. Dennoch – es liegt immer an den einzelnen Personen und Verantwortungsträgern, ob und wie eine dienende Haltung gegenüber den komplexen Situationen in der Kirche gelingt. Nicht umsonst hat der jetzige Papst den Versuch gestartet, diese Kurie zu reformieren. Es ist dabei nicht nur eine Frage, ob man die richtigen Personen findet, sondern vor allem hängt vieles daran, ob es gelingen wird, einen Geist der Brüderlichkeit, des Miteinanders und des Vertrauens wachsen zu lassen.

In den vergangenen Jahrzehnten war dieser Geist – so mein Eindruck – sicher auch vorhanden, aber ... mit viel Luft nach oben, und mit einer Reihe von Aktionen, die genau das Gegenteil davon darstellten. Man denke nur an den Umgang mit kritischen Theologen, aber auch an eine ganze Reihe von Bischofsernennungen. Der Vertrauensverlust, der fehlende Geist der Brüderlichkeit und des Miteinanders, das Vertuschen von Unrecht und Missbrauch hat hier meiner Kirche sehr geschadet.

Konzilien und Synoden

Schon von Anfang an stellte sich der werdenden Kirche eine spannende Frage. Wie geht es weiter? Wie wächst Kirche? Wie wird sich die Zukunft der Kirche gestalten? Die Jünger Christi hatten keinen Masterplan, aber sie hatten eine pfingstliche Zusicherung: dass der Geist Gottes sie weiterführt, sie begleitet. Und von vornherein war ihnen auch klar, dass sie aus eigener Kraft diese Kirche nicht gestalten können. Sie ist ja die Sammlungsbewegung Gottes, und er führt dieses Volk durch die Zeit. Die eigentliche Frage, die sich deswegen stellt, ist: Wie können wir erkennen, welchen Weg Gott mit uns, der Kirche, seinem Volk, gehen will? Wie können wir dem Ursprung treu bleiben, wie können wir dem Evangelium und dem lebendigen Christus treu bleiben und dabei entdecken, wie sich im Heute diese Treue zeigen will – und in welche Zukunftsgestalt uns dieser Ursprung begleitet.

Eine schwierige Frage, die schon von Anfang an und immer wieder vor der Kirche liegt. Vielleicht kann ein Blick auf die Apostelgeschichte helfen, eine gewichtige Tradition der katholischen Kirche zu verstehen: Schon am Pfingsttag, so berichtet die Apostelgeschichte, kam es zu einem außergewöhnlichen Wachsen der Gemeinschaft der Jünger. Damit stellte sich die Frage, wie eine solche wachsende Gemeinschaft sich strukturiert und gestaltet. Und natürlich kam es sofort auch zu Problemen. Die Apostelgeschichte berichtet ziemlich am Anfang von »Verteilungsproblemen« innerhalb der Gemeinschaften, die sich in Jerusalem gebildet hatten. Interessant ist wohl, dass sich diese Gemeinschaften auch aufgrund ihrer Traditionen bildeten – und so kam es auch zu Bildung einer »hellenistischen« Gruppe: Juden in Jerusalem, die aus einer griechischen Tradition stammten.

Die Apostelgeschichte erzählt von folgendem Vorfall: *In diesen Tagen, als die Zahl der Jünger zunahm, begehrten die Hellenisten gegen die Hebräer auf, weil ihre Witwen bei der täglichen Versorgung übersehen wurden. Da riefen die Zwölf die ganze Schar der Jünger zusammen und erklärten: Es ist nicht recht, dass wir das Wort Gottes vernachlässigen und uns dem Dienst an den Tischen widmen. Brüder, wählt aus eurer Mitte sieben Männer von gutem Ruf und voll Geist und Weisheit; ihnen werden wir diese Aufgabe übertragen. Wir aber wollen beim Gebet und beim Dienst am Wort bleiben. Der Vorschlag fand den Beifall der ganzen Gemeinde, und sie wählten Stephanus, einen Mann, erfüllt vom Glauben und vom Heiligen Geist, ferner Philippus und Prochorus, Nikanor und Timon, Parmenas und Nikolaus, einen Proselyten aus Antiochia. Sie ließen sie vor die Apostel hintreten und diese beteten und legten ihnen die Hände auf. Und das Wort Gottes breitete sich aus und die Zahl der Jünger in Jerusalem wurde immer größer; auch eine große Anzahl von den Priestern nahm gehorsam den Glauben an. (Apg 6, 1-7)*

Ein typisches Wachstumsproblem. Die große Anzahl neuer Anhänger machte es nötig, eine neue Verantwortungsstruktur aufzubauen. Spannend für unseren Zusammenhang ist die Art und Weise, wie die Apostel – die Zwölf – mit dieser Herausforderung umgehen. Sie rufen alle zusammen und machen so deutlich, dass diese Herausforderung nur von allen gemeinsam gemeistert werden kann. Dabei trauen sie den Mitchristen zu, dass sie besser wissen als sie selbst, wer hier zur Verantwortung geeignet ist. Sie ermöglichen den Raum der Teilhabe aller und lassen sich auf die Weisheit des Volkes Gottes ein. Und das gelingt ganz offensichtlich, denn die Christen vor Ort wählen sieben Personen – alle mit griechischen Namen, die offensichtlich geeignet sind, für die Gerechtigkeit der Güterverteilung zu sorgen. Sie werden gewissermaßen die Verantwortlichen örtlicher und lokaler Gemeinschaften.

Die »Zwölf« beweisen hier sehr deutlich ihre Fähigkeit zur Leitung. Und wie inspiriert das ist, wird in dem Schlusssatz dieses kleinen Abschnitts deutlich: Ihr Handeln ermöglicht das weitere Wachsen des Volkes Gottes.

Aber in unserem Zusammenhang ist ein anderer Akzent wichtig. Die »Zwölf«, die Apostel beschreiben für sich selbst eine eigene Aufgabenstellung: *Es ist nicht recht, dass wir das Wort Gottes vernachlässigen ... Wir aber wollen beim Gebet und beim Dienst am Wort bleiben.* Hier setzen die Zwölf eine deutliche Priorität für ihren Dienst der leitenden Verantwortung. Denn worum geht es? Zu entdecken, wie Gott sein Volk führt, das ist offensichtlich ihre zentrale Aufgabe. Das geschieht in einem »Wir«, in einem Miteinander. Dieses »Wir« ist nicht nur deswegen wichtig, weil mehr Personen mehr entdecken können, sondern es ist ein »pfingstliches Wir«: Die Apostel wissen darum aus ihrer Erfahrung, dass im gelebten »Wir« eine Verheißung enthalten ist: Der auferstandene Christus schenkt seinen Geist in der Gemeinschaft der Jünger und lässt sie verstehen, welche Schritte getan werden können, um die Zukunft zu gestalten: *Wo zwei oder drei in meinem Namen versammelt sind, da bin ich mitten unter ihnen,* spricht Jesus im Matthäusevangelium *(Mt 18, 20)* – und versichert seinen Jüngern: *Ich bin bei euch alle Tage, bis zum Ende der Welt (Mt 28, 20).* Und die Gegenwart seines Geistes schenkt er in die Gemeinschaft hinein: *Der Beistand aber, der Heilige Geist, den der Vater in meinem Namen senden wird, der wird euch alles lehren und euch an alles erinnern, was ich euch gesagt habe. (Joh 14, 26)*

Die Zwölf wollen beim Gebet bleiben, sie wollen also in dieser Verbundenheit mit Christus bleiben, und beim Wort, um in der jeweiligen Gegenwart entdecken zu können, wohin Gott sein Volk führt.

Die Apostelgeschichte erzählt diesen Vorgang ausführlich an einer entscheidenden Stelle und kann so illustrieren, was sich in der Geschichte der Kirche dann als »Synode« und »Konzil« später weiterentwickelt, in der ganzen Komplexität unterschiedlicher Zeiten und Kontexte.

Für die ersten Christen war es selbstverständlich, dass sie der jüdischen Tradition zugehörten. Jesus war ein Jude, und in den ersten Zeiten der Christen ist diese Tradition selbstverständlich und bindend. Die Tradition ist heilig, denn der Gott Israels hatte die Gebote und Vorschriften ja selbst diesem Volk gegeben. Petrus und die anderen Apostel lebten ganz selbstverständlich aus dieser Tradition.

Nun aber geschieht Neues. Und es wird deutlich, welche Herausforderung vor den Aposteln liegt. Sehr eindringlich wird dies in der Apostelgeschichte ab Kapitel 10 beschrieben. Petrus ist zu Gast bei einer christlichen Familie. Und in der Mittagszeit, noch vor dem Essen, betet er, schon hungrig, auf dem Dach des Hauses und macht dabei eine visionäre Erfahrung: *Er sah den Himmel offen und eine Schale auf die Erde herabkommen, die aussah wie*

ein großes Leinentuch, das an den vier Ecken gehalten wurde. Darin lagen alle möglichen Vierfüßler, Kriechtiere der Erde und Vögel des Himmels. Und eine Stimme rief ihm zu: Steh auf, Petrus, schlachte und iss! Petrus aber antwortete: Niemals, Herr! Noch nie habe ich etwas Unheiliges und Unreines gegessen.
Da richtete sich die Stimme ein zweites Mal an ihn: Was Gott für rein erklärt, nenne du nicht unrein! Das geschah dreimal, dann wurde die Schale plötzlich in den Himmel hinaufgezogen. Petrus war noch ratlos und überlegte, was die Vision, die er gehabt hatte, wohl bedeutete; inzwischen hatten sich die von Kornelius gesandten Männer zum Haus des Simon durchgefragt und standen am Tor. (Apg 10, 11-17)

Kornelius und sein Haus – das ist eine römische Familie, die sehr gläubig ist und in ihrem Glauben weiter wachsen will. Sie stehen vor der Tür. Eigentlich darf Petrus nicht mit ihnen gehen, aber durch die Vision eröffnet sich ihm ein neuer Horizont, und er geht mit. Er macht eine für ihn unglaubliche Erfahrung, ähnlich unglaublich wie die Vision, die er auf dem Dach hatte: Die Römer, die Besetzer des Landes und darüber hinaus unreine Heiden, haben Sehnsucht nach Gott und empfangen den Heiligen Geist, so wie Petrus und die übrigen ihn auch empfangen haben. Die Apostelgeschichte beschreibt die ungeheuerliche Überraschung, aber eben auch die große Geistesgegenwart, die ihn die neuen und unerwarteten Wege Gottes erkennen lässt: *Wahrhaftig, jetzt begreife ich, dass Gott nicht auf die Person sieht, sondern dass ihm in jedem Volk willkommen ist, wer ihn fürchtet und tut, was recht ist. Er hat das Wort den Israeliten gesandt, indem er den Frieden verkündete durch Jesus Christus; dieser ist der Herr aller ... Noch während Petrus dies sagte, kam der Heilige Geist auf alle herab, die das Wort hörten. Die gläubig gewordenen Juden, die mit Petrus gekommen waren, konnten es nicht fassen, dass auch auf die Heiden die Gabe des Heiligen Geistes ausgegossen wurde. Denn sie hörten sie in Zungen reden und Gott preisen. Petrus aber sagte: Kann jemand denen das Wasser zur Taufe verweigern, die ebenso wie wir den Heiligen Geist empfangen haben? Und er ordnete an, sie im Namen Jesu Christi zu taufen. Danach baten sie ihn, einige Tage zu bleiben ... (Apg 10,34-48).*

Hier geschieht eine Revolution, die in den kommenden Zeiten für Unruhe in der Christengemeinschaft sorgt. Wie kann das sein, dass es jetzt auch Getaufte gibt, die nicht zur jüdischen Tradition gehören? Ist das erlaubt – oder ist das ein Abfall vom Glauben? Es kommt – auch im Zusammenhang mit Paulus und den ersten Heidenchristen – zu einem ersten »Konzil der Apostel«, auf dem heftig über diese Frage diskutiert wird. Zum einen werden die Erfahrungen berichtet, dann aber wird ein Hinhören auf den Geist wichtig, um schließlich neu das Wort Gottes zu verstehen. Auf diesem Horizont fallen dann gemeinsame Entscheidungen aufgrund einer gemeinsamen Einsicht und der Unterscheidung der Geister. *Denn der Heilige Geist und wir haben beschlossen* ..., so formulieren die Apostel abschließend in ihrem Sendschreiben an die *neuen Christen* und ermöglichen damit den missionarischen Weg auch zu den *Heiden*. So gibt es nun zwei verschiedene Gruppen von Christen: jene, die aus der heiligen Tradition des Judentums kommen und für die diese Tradition bindend bleibt – und jene, die aus den verschiedenen Völkern im Mittelmeerraum stammen. Diese brauchen nicht zuerst Juden zu werden, um dann Christen sein zu können, sondern können auf ihrem Weg Christen sein und somit aus einer anderen Freiheit ihren Weg gestalten. Die Apostel lassen sich von der Erfahrung des Geistes belehren, sie entscheiden nicht für die einen oder gegen die anderen, sondern öffnen Entwicklungsmöglichkeiten in der einen Kirche.
Dieser gemeinsame Entscheidungsfindungsprozess macht das Wesen christlicher Entscheidungsfindung aus und lässt elementar erkennen, worum es bei einem Konzil geht. Ein Konzil – und das Apostelkonzil ist nur das erste in einer langen Reihe von Konzilien und Synoden – beschreibt sehr exakt den Modus der christlichen Wahrheitsfindung angesichts neuer Situationen und Herausforderungen.

Ausgangspunkt ist immer eine veränderte Situation oder eine Herausforderung, sind also immer neue Erfahrungswege, die schon ihren Weg gegangen sind. Und genau hier muss gefragt werden, ob diese neuen Wege denn auch Entfaltungen des Ursprungs sind, neue Erkenntnisse und Einblicke in das Geheimnis unseres Glaubens ermöglichen, oder einfach nur zeitgeistige Anpassungen an gesellschaftliche Trends. Es geht nicht darum, einfach mal etwas zu entscheiden, sondern im Blick auf die Botschaft des Evangeliums und die Geschichte des Evangeliums durch die Zeit auch neue Wirklichkeiten zu entdecken – eben jenen Geist auszumachen, der uns immer tiefer in die Wahrheit einführt.

Die katholische Kirche, und nicht nur sie, hat für sich auf dem Hintergrund der Erfahrung der Apostelgeschichte das Instrument des Konzils und der Synoden entwickelt: Die Bischöfe, die Verantwortlichen der Ortskirchen kommen zusammen, um miteinander, im Gebet und im Hören auf das Evangelium, jene Erfahrungen und Aufbrüche zu deuten und Entscheidungen für die Zukunft zu fällen, die dem Volk Gottes den Weg bahnen können. Jeder kann sich vorstellen, dass dies kein einfacher Prozess ist. Konzilien und Synoden sind ja Zusammenkünfte, bei denen nicht nur diese neuen Erfahrungen und Herausforderungen geordnet werden sollen. Zuweilen spielten und spielen Machtinteressen eine Rolle, und es geht dann auf Konzilien und Synoden alles andere als heilig zu. Die Kirchengeschichte ist voller Beispiele.

Und dennoch: Es gibt zu den Konzilien und Synoden keine Alternative. Immer geht es darum, die Botschaft Jesu, die Traditionen der Kirche im Heute ankommen zu lassen und auf die Herausforderungen eine klare und gute Antwort zu finden. Deswegen sind Konzilien und Synoden mehr und anderes als bloße parlamentarische Abstimmungsmechanismen der Kirche. Es werden keine Sitzungen abgehalten, und es werden keine Machtabstimmungen durchgeführt – es geht um etwas anderes, was sich schon in der

Sprache und im Modus der Durchführung zeigt. Konzilien und Synoden werden »gefeiert«: Sie sind eigentlich in ihrem Wesen Gottesdienste, denn es geht um ein Zusammenkommen im Namen Jesu. Und wenn also das Evangelium am Anfang einer Sitzung hineingetragen wird, wenn miteinander gebetet wird, wenn man den Heiligen Geist anruft, dann geht es eben darum, dass im Ringen und Diskutieren um verschiedene Deutungen erkennbar werden kann, welchen Weg der Geist Gottes zeigt.

Aggiornamento

Als Papst Johannes XXIII. 1959 zu einem Konzil einlud, waren viele erstaunt. Man hatte diesen alten Kardinal gewählt als Übergangspapst, und nun lud er zu einer Weltversammlung der Bischöfe ein, zu einem Konzil. Und er sprach von einem notwendigen *Aggiornamento*: Die Kirche müsse sich und ihre Botschaft in einer veränderten Welt *verheutigen, neu sagen*. Es ging eben nicht um eine neue Botschaft, sondern – wie auch beim Apostelkonzil – um die Frage, wie angesichts der Herausforderungen der Zeit und der neuen Erfahrungen der Kirche das Evangelium neu zum Leuchten kommt. In der Konzilkonstitution *Gaudium et Spes* (GS) formulieren die Bischöfe diesen Auftrag so: *Zur Erfüllung dieses ihres Auftrags obliegt der Kirche allzeit die Pflicht, nach den Zeichen der Zeit zu forschen und sie im Licht des Evangeliums zu deuten. So kann sie dann in einer jeweils einer Generation angemessenen Weise auf die bleibenden Fragen der Menschen nach dem Sinn des gegenwärtigen und des zukünftigen Lebens und nach dem Verhältnis beider zueinander Antwort geben. (GS 4)*

Es geht also darum, in jeder Generation neu die Botschaft ins Wort zu bringen. Das ist nicht leicht, aber das Konzil beschreibt im selben Dokument seinen eigenen Auftrag so: *Im Glauben daran, dass es vom Geist des Herrn geführt wird, der den Erdkreis erfüllt, bemüht sich das Volk Gottes, in den Ereignissen, Bedürfnissen und Wünschen, die es zusammen mit den übrigen Menschen unserer Zeit teilt, zu unterscheiden, was darin wahre Zeichen der Gegenwart oder der Absicht Gottes sind. (GS 11)*

Man kann sich vorstellen, dass eine solche Bemühung herausfordernd ist, gerade dann, wenn fast 2.000 Bischöfe zusammenkommen. Und wer die veröffentlichten Akten dieses Konzils liest und die Redebeiträge studiert, dem wird deutlich, wie heftig und herausfordernd miteinander gerungen wurde – zuweilen auch mit heftigen Emotionen und vielerlei Tricks. Ist das ein geistlicher Prozess? Es wirkt doch auf den ersten Blick sehr politisch und parlamentarisch – wie eine gewöhnliche Machtschlacht.

Ganz offensichtlich ist es nicht so, dass dort, wo der Heilige Geist wirken soll, die beteiligten Personen alle Heilige wären, die sich schiedlich und friedlich über Sachargumente auseinandersetzen. Und dennoch erlebten die Teilnehmenden bei diesem Konzil etwas sehr Beeindruckendes. Zum einen geschieht in den Vollversammlungen und vielen Arbeitsgruppen tatsächlich so etwas wie »Ernte«: Erfahrungen und Erkenntnisse werden zusammengetragen, Kontroverses wird diskutiert, um Formulierungen wird gerungen – und so entsteht Erkenntnisfortschritt. Zum anderen aber zeigt sich in solchen Konzilien immer ein großer Wunsch, nicht einfach Mehrheitsentscheidungen zu fällen, sondern zu einer Einmütigkeit zu gelangen. Das ist fast paradox. Denn es scheint fast unmöglich zu sein, angesichts der Vielfalt der Meinungen und Strömungen zu einer Einmütigkeit zu gelangen, die einen – wie im Apostelkonzil – sagen lassen kann: *Der Heilige Geist und wir haben entschieden.* Und doch gelang dies beim II. Vatikanischen Konzil. Und das lag daran, dass der Papst zusammen mit den Bischöfen dieses Anliegen der Einheit immer im Blick hatte. Polarisierung sollte nicht geschehen, und deswegen wurde auch dann, wenn nur eine relativ kleine Gruppe nicht einverstanden war, immer wieder um Formulierungen gerungen. In der Tat zeigen die Schlussabstimmungen über die Dokumente ein hohes Maß an Einmütigkeit, die fast einem Wunder gleichkommt.

In der theologischen und geistlichen Beurteilung der Konzilien – und es gab ja eine Menge von gelungenen und weniger gelungenen Kirchenversammlungen dieser Art – sprach man dann, wenn es zu einer solchen überraschenden Einmütigkeit kam, immer von der Gegenwart Gottes auf dem Konzil. Vielleicht ist das ein wichtiger Akzent für unser Nachdenken über die katholische Kirche. Vielleicht denken manche, dass solche Einmütigkeit eher mit Macht erzwungen wurde – aber das stimmt in der Regel nicht. Einmütigkeit unter so verschiedenen Akteuren, so verschiedenen Theologien, so verschiedenen Ortskirchen und Traditionen – das ist nicht durch die Ausübung von Macht erzwingbar. Und tatsächlich kam es dort, wo es nicht gelungen ist, die Kirche in Einheit zusammenzuhalten, dann auch immer zu Spaltungen.

Ein kleiner Einblick in die Dynamik einer Synode

Synoden sind so etwas wie »kleine Konzilsversammlungen«. Auf weltkirchlicher Ebene treffen sich bei solchen Synoden Bischöfe aller Länder in Abständen, um über wichtige Themen zu beraten – auf der Ebene der Bistümer und Ortskirchen nennt man Synoden repräsentative Versammlungen, die für ihren Bereich eine Standortbestimmung wagen und Wege in die Zukunft beschließen.

In den letzten Jahren sind wir Zeugen einer spannenden Bischofssynode auf Weltebene geworden. Papst Franziskus hatte eine Bischofssynode zum Thema Ehe und Familie einberufen. Seit Jahrzehnten wird über dieses Thema in der katholischen Kirche kontrovers diskutiert – und jetzt auf einmal eine Synode. Spannend daran war das Verfahren, das Papst Franziskus wählte. Während normalerweise solche Synoden intensiv intern vorbereitet werden und dann während einer vierwöchigen Plenarzeit die Synode »gefeiert« wird, entschleunigte und verdichtete der Papst diese Synode entscheidend. So konnte wirklich ein intensiver und umfassender Meinungsbildungsprozess stattfinden, der dann über zwei Jahre dauerte. Er begann mit einer Umfrage: Und während bei früheren Bischofssynoden eher intern abgefragt wurde, welches die wichtigsten Themen sind, die im jeweiligen Kontext zu behandeln wären, lud dieses Mal der Papst alle Christinnen und Christen ein, auf die kontroversen und herausfordernden Fragen im Kontext von Ehe und Familie zu antworten.

Für viele Bischöfe war dies überraschend, und nicht überall hat man schnell genug reagiert. Aber dennoch gelang es, dass innerhalb sehr kurzer Zeit die Fragebögen zum Thema veröffentlicht wurden und viele Christinnen und Christen sich zu Wort meldeten. Die profilierten Antworten auf herausfordernde Fragen wurden dann zusammengefasst und bildeten die Grundlage für die Überlegungen der Synode. Wie nicht anders zu erwarten war, kam es auf der Synode zu sehr kontroversen Diskussionen, die noch einmal deutlich machten, wie unterschiedlich die Positionen der Bischöfe waren.

Wenn aber eine Synode wirklich ein ernster Versuch ist, den Weg des Geistes Gottes mit seinem Volk tiefer zu entdecken, gehören solche Momente und Phasen der Uneinigkeit und der heftigen Kontroverse wesentlich dazu. Entscheidend ist es, dass es nicht dabei bleibt, sondern dass es gelingt, in einem hinhörenden und betenden Nachdenken, in einer Neuvergewisserung der großen Tradition des Glaubens zu einer neuen Sicht zu kommen. Das braucht Zeit, das braucht Dialog und gemeinsames Suchen – Synoden brauchen also Reifezeiten. Deswegen machte der Papst den ungewöhnlichen Schritt, diese Synode über zwei Jahre zu strecken. So blieb Zeit für Diskussionen und Gespräche unter den Bischöfen zwischen den beiden großen vierwöchigen Plenarveranstaltungen in Rom. Es blieb die Zeit zur Vertiefung der Überlegungen und Gedanken.

Und dennoch war auch die zweite Synode von tiefen Rissen und Auseinandersetzungen gekennzeichnet. Synoden wirklich zu begehen, das bedeutet eben auch, sich auf ein Abenteuer einzulassen, das einen offenen Ausgang hat – und es lässt diejenigen, die Verantwortung tragen, durch manche Nacht der Ungewissheit gehen. Wieder zeigt sich hier ein wesentliches Merkmal kirchlichen Lebens: Da die Kirche eben nicht einfach eine handhabbare Institution in den Händen weniger ist, sondern eine lebendige und immer überraschende Gemeinschaft des Volkes Gottes, bleibt es immer ein Wunder, wenn Einigkeit und Glaubensfortschritt gelingen.

Ich erinnere mich noch sehr genau an eine Begegnung mit meinem früheren Bischof Josef Homeyer, der 1989/90 eine diözesane Synode veranstaltete. In unserem Gespräch berichtete der Bischof von seinem *Tappen im Dunkeln* in dieser Synode. Genau so ist wahrscheinlich das geistliche Abenteuer zu beschreiben, das sich in jeder dieser Versammlungen zeigt: Bei aller Kompetenz und bei allen echten Wünschen und Zielen bleibt es eben nicht machbar, was bei einer solchen Versammlung geschieht, die auf der Suche nach den Wegen Gottes in dieser Zeit ist.

Wenn heute von Konzilserfahrungen die Rede ist, wenn in unserem Bistum von der Erfahrung der Synode erzählt wird, dann wird dabei immer wieder von der eigenartig dichten geistlichen Atmosphäre erzählt, von der begeisternden Erfahrung des Kircheseins. Aber beides wird stimmen und gehört zusammen: Auf der einen Seite ist eine Synode immer gezeichnet von Sterbeprozessen, Irritation und ratloser Dunkelheit – also von Momenten des Todes –, aber eben auch von Momenten neuer Erkenntnis, von der Klarheit einmütiger und zukunftsweisender Perspektiven – also eine typisch christliche Erfahrung von Ostern, von Tod und Auferstehung

Aber auch dann, wenn ein Konzil oder eine Synode gefeiert wurden, wenn Ergebnisse sich zeigen, die dann in Dokumenten veröffentlicht werden, ist das noch nicht das Ende eines synodalen Prozesses. Dieser beginnt eigentlich nach einer solchen Versammlung erst richtig. Denn es geht ja nicht nur darum, in einem Prozess des gemeinsamen Hörens, Unterscheidens und Entscheidens neue Wege zu finden und Erkenntnisse zu formulieren. Es geht vor allem darum, wie diese neue Perspektive ins Leben des ganzen Volkes Gottes gelangen kann und so neue Wege eröffnet. Auf diese Dynamik der Erneuerung ist später noch einzugehen.

Was meint eigentlich Hierarchie?

Es gibt Vorstellungen von der katholischen Kirche, die so herrlich typisch sind. Dazu gehört die Rede davon, dass sie eine hierarchische Kirche ist, in der von oben nach unten durchregiert wird. Dieses Bild von der Pyramide prägt ganze Generationen. Dann denkt man, dass ganz oben der Papst steht, darunter die Bischöfe, darunter die Priester und ganz unten dann das Volk.

In diesem Bild stecken Erfahrungen der Vergangenheit bis in die Gegenwart hinein. Erfahrungen, in denen man den Eindruck gewinnen konnte, dass die Macht der Institution in das Leben der einzelnen Christen hineinregieren wollte oder konnte. Und manche Situation im Gefüge volkskirchlichen Milieukatholizismus war auch so gestaltet. Man musste Vorschriften einhalten, und tat man es nicht, dann erlebte man Sanktionen als Konsequenz des ungehorsamen Handelns. Diese Bilder ermöglichten die Dialektik einer »Amtskirche« gegen eine »Kirche von unten« und profilierten immer wieder eine Polarisierung. Daraus wuchsen und wachsen viele Fragen nach dem Gebrauch und dem Missbrauch von Macht in der Kirche. Es gibt nicht wenige verletzende Erfahrungen auf dem Hintergrund dieses Machtverhältnisses.

Aber ist das eigentlich mit Hierarchie gemeint? Schreibt die kirchliche Hierarchie ein solches Machtverhältnis fest und rechtfertigt es theologisch? Man muss da genau unterscheiden lernen. Denn eigentlich meint Hierarchie im kirchlichen Kontext etwas anderes. Ursprünglich ist Hierarchie ein griechisches Wort und schwingt in seiner Bedeutung zwischen dem *heiligen Ursprung* und der *heiligen Ordnung*. Und hier sind wir bei der eigentlichen Bedeutung, die die Hierarchie für die katholische Kirche hat. Sie unterscheidet sich von der allgemeinen Rede von Hierarchien. Denn hier sind ja, im Kontext von Behörden, Einrichtungen und Unternehmen, immer die Rangordnungen von Auftrag, Befehl und Gehorsam gemeint, die eine notwendige Organisationskultur beschreiben.

Im Vergleich zu Behörden und Unternehmen ist aber die katholische Kirche – trotz ihres Rufes in diesem Zusammenhang – eher mit einer sehr flachen Hierarchie ausgestattet: Die *heilige Ordnung* der Kirche betrifft die Beziehungen zwischen jenen, die in der Kirche zum Dienst geweiht sind. Und klar ist auch, dass die sogenannten *Laien* gar nicht in einem hierarchischen Verhältnis zu Priestern und Bischöfen stehen.

Wie ist das also zu erklären? Es gibt in der Kirche das Amt des Bischofs, des Priesters und des Diakons. Dabei spielt der Bischof von Rom, der Papst, eine leitende Rolle. Damit ist auch schon der gesamte Umfang der Hierarchie beschrieben. Es ist gewissermaßen eine Dienstordnung, die sich vom Bischof her bestimmt. Er ist ja der Verantwortliche für eine Ortskirche, und für diese Ortskirche braucht er Mitarbeiter im Amt, Priester und Diakone, die ihm zugeordnet sind. Deswegen werden bei einer Priesterweihe und bei einer Diakonenweihe die Kandidaten unter anderem gefragt: *Versprichst du mir und meinen Nachfolgern Ehrfurcht und Gehorsam?* Und dann antworten die Kandidaten: *Ich verspreche es.* Ich erinnere mich wie heute an meine Weihe zum Diakon, als mein Bischof mich das fragte. Als ich ihm mit meinem Versprechen antwortete, bei dem ich meine Hände in seine Hände legte, schaute er mich kurz an und sagte leise: *Das machen wir gemeinsam.* Mehr also als ein einfacher Gehorsam geht es um ein gemeinsames Wirken im Dienst am Evangelium.

Denn das ist die zweite Dimension dessen, was Hierarchie heißt: Es soll nicht einfach ein Machtgefüge aufgebaut werden, es geht um etwas gänzlich anderes: Es geht um einen Dienst am *heiligen Ursprung.*

Sakramente

Der Ursprung ist Christus. Und er ist nicht überholbar oder einfach vergangen: Es geht darum, dass dieser Ursprung immer wieder neu Gegenwart wird. Wie kann das geschehen? Wenn im Gottesdienst und mitten im Leben das Evangelium verkündet wird, wenn Liturgien und Sakramente gefeiert werden, wenn sich eine Synode oder ein Konzil versammelt, wenn eine Gemeinschaft von Gläubigen, eine Gemeinde ihr Leben teilt, dann merken wir alle, die daran teilhaben, wie sehr es eben nicht zuerst darauf ankommt, dass wir das machen, dass die Predigt perfekt formuliert ist und die Riten korrekt ausgeführt werden. Es geht immer darum, dass wir von einem Geist, vom Heiligen Geist erfüllt werden. Ohne diesen Geist verstehen wir nichts, ist alles langweilig und stumpf. Da glänzt nichts.

Das Spannende ist: Wir können diesen Geist nicht machen, selbst wenn wir alle Regeln konkret einhalten. Wir sind auf Gottes Geist angewiesen, auf sein immer neues Kommen und Wirken. Hier gilt es genau hinzuschauen: Der Geist Gottes ist es ja, der immer wieder neu das Volk Gottes sammelt und ihre innere Mitte ist. Der Geist Gottes ist das Geschenk schlechthin, denn er macht den Unterschied zwischen einem Verein, einer vielleicht auch brillanten gemeinschaftlichen Unternehmung und der Kirche. Wie wir ja schon in den biblischen Einblicken erkannt hatten, war das Pfingstfest so etwas wie der »Ursprungsmoment« der Kirche – aber klar ist ja auch, dass dieser Ursprung immer wieder neu Gegenwart werden muss, denn aus Erinnerungen kann niemand leben.

Und an dieser Stelle wird es dann richtig katholisch: Es geht hier um die Sakramente und das Amt. Wer sich ein bisschen auskennt, der wird immer wieder fragen: Warum legt die katholische Kirche eigentlich so viel Wert auf Sakramente – und was bedeutet das genau? Und noch mehr: Wieso ist das Feiern der Sakramente an Priester geknüpft, die ihrerseits erst geweiht werden müssen?

Man kann es doch offensichtlich auch ganz anders machen, andere Kirchen und vor allem die pfingstlichen und charismatischen Kirchen gehen mit dem Thema anders um – und auch in den klassischen evangelischen Kirchen ist die Ordination eines Pfarrers oft ganz anders verstanden: Ja, es braucht eine Ordnung in der Gemeinde – aber wieso braucht es eine Weihe, die dann auch ein Sakrament ist?

Eins nach dem anderen. Das lateinische Wort *sacramentum*, von dem das deutsche Wort Sakrament stammt, ist eine Übersetzung des griechischen Wortes *Mysterium* und beschreibt die wirkungsvolle Gegenwart Gottes, die aber nicht in sich selbst sichtbar wird, sondern sich zeigt und wirkungsvoll wird in seinem Volk, das er ruft und versammelt. Das ist schon im Alten Testament so. Gottes Volk ist hier ja gerufen, die Kraft und Herrlichkeit Gottes in seinem Leben zu bezeugen. Und wenn – wie ziemlich oft in der Geschichte – dieses Volk alles andere als Gottes Herrlichkeit und Wahrheit in seinem Leben bezeugt, dann muss es durch viele Katastrophen hindurch, und dann nimmt der Gott der neuen Anfänge wieder einen neuen Anlauf. Weil Gottes Leidenschaft der Mensch ist, weil Gott die Menschheit unendlich liebt, will er in seinem Volk gegenwärtig sein – und soll dieses Volk Zeichen für die Zukunft sein, die Gott allen Menschen schenken will.

Kirche ist also nicht zuerst eine Institution, und nicht zuerst eine Gemeinschaft von Menschen, die einen gemeinsamen Glauben haben und sich so zu einer »Kirche« verbinden. Es ist anders. Das deutsche Wort Kirche stammt von dem griechischen Wort *kyriakè* und erinnert daran. Denn *kyriakè* meint nichts anderes als *zum Herrn gehörig*. Es ist also der Herr, Christus selbst, der ruft, sammelt und Zugehörigkeit schafft, über alle Grenzen hinweg, über alle Milieus, Sprachen und Gruppen.

Und das ist in der Tat ein Wunder. Man braucht ja nur in diese Welt zu schauen, um zu erkennen, dass wir gerade wieder auf dem Weg sind zu trennen und zu spalten, abzuwerten und auseinanderzubringen. Dort, so sagen wir, wo es gelingt, dass Menschen hineingenommen werden in eine alles übergreifende (und das meint: katholische) Gemeinschaft, ist dies nicht Werk des Menschen, sondern Wunder und Geheimnis Gottes: Hier ereignet es sich, hier wird, in aller Zerbrechlichkeit, Gottes Gegenwart spürbar, wirkt Gottes Geist kraftvoll – ist Christus, der Ursprung allen Lebens, gegenwärtig.

Die katholische Kirche hat das selbst so beschrieben, als sie sich beim II. Vatikanischen Konzil nach ihrer innersten Identität fragte: *Christus ist das Licht der Völker. Darum ist es der dringende Wunsch dieser im Heiligen Geist versammelten Synode, alle Menschen durch seine Herrlichkeit, die auf dem Antlitz der Kirche widerscheint, zu erleuchten, indem sie das Evangelium allen Geschöpfen verkündet ... Die Kirche ist ja in Christus gleichsam das Sakrament, das heißt Zeichen und Werkzeug für innigste Vereinigung mit Gott wie für die Einheit der ganzen Menschheit. (Lumen gentium 1)*

In deutschen und nicht so »kirchischen« Worten: Kirche ist kein Verein, nicht zuerst eine Institution, sondern eine Wirklichkeit, in der Gottes Gegenwart und Leidenschaft Menschen zusammenführt und zugleich zu einem Werkzeug macht, das Menschen zusammenbringt. Darin wirkt der Geist Gottes, der verbindet und eint. Und dieses Geschehen ist kein menschliches Können aus eigener Kraft, sondern geistgewirkte Befähigung. Und genau das meint die Rede von der Kirche als Sakrament: Was in diesem Volk Gottes und durch es geschieht und immer wieder geschehen soll, das ist Gottes heilendes Handeln für alle Menschen.

Wie oft kann man das erleben! Gerade im Deutschland der Flüchtlinge, gerade in den vielen christlichen Hilfsaktionen der Caritas und der Diakonie wird diese Kraft immer wieder erfahrbar. Und wer sich an die friedliche Revolution in der DDR von 1989 erinnert, dem wird schnell deutlich, dass Christen hier genau dies taten: Christen, die doch eigentlich eine kleine Minderheit sind, organisierten und gestalteten Gesprächsprozesse und runde Tische und ermöglichten so den Übergang in eine neue Zeit. Ich erlebe es aber auch immer wieder bei Initiativen der Pfarrgemeinden in ihrem Stadtteil: Dort, wo sich Christen darum sorgen, was vor Ort allen auf den Nägeln brennt, da wächst eine gemeinsame Initiative und Plattform, entstehen Nachbarschaftszentren, wächst soziales Bewusstsein.

Wie schrecklich natürlich, wenn man das nicht erleben kann! Wenn Gemeinden und Einrichtungen um sich selbst kreisen, wenn es große Zerstrittenheit gibt – und sogar Feindschaft. Dort, wo dies geschieht, wird gewissermaßen die innere Wirklichkeit des Kircheseins bis zur Unkenntlichkeit verdunkelt – ein echtes Gegenzeugnis für das Wirken des Geistes Gottes.

Wenn Katholiken also von der Kirche sprechen, dann reden sie also nicht zuerst von sich, sondern von dem Geist Gottes, der Gegenwart Christi, die als Kraft zuallererst Kirche hervorbringt. So ist es jedenfalls gemeint. Es ist schon schockierend, wie wenig klar das vielen Katholiken selbst ist: Wir reden oft über die Kirche und blenden dabei zwei Dinge konsequent aus, und betonen dafür andere zweitrangige Dinge: Man redet fast nur über Strukturen und den Erhalt von Gemeinschaften – aber man vergisst eben genau das Wesentliche: dass es darum geht, dass Gott wirksam handelt, ruft, sammelt und sendet.

Die sieben Sakramente

Die Katholiken reden, wenn sie von »Sakrament« reden, von den sieben Sakramenten. Taufe, Firmung, Eucharistie, Versöhnung, Krankensalbung, Ehe, Priesterweihe – das sind die sieben Sakramente, die beim Konzil von Trient im 16. Jahrhundert festgelegt wurden. Typisch katholisch, denn in anderen Kirchen gibt es weniger Sakramente, meistens nur Taufe und Eucharistie, vielleicht noch Versöhnung.

Auf dem Hintergrund des eben Gesagten lässt sich vielleicht aber ein wenig besser erklären, worum es uns Katholiken bei der Rede vom Sakrament und den Sakramenten eigentlich geht. Sakramente sind jene Handlungen der feiernden kirchlichen Gemeinschaft, in denen wir Gott handelnd glauben. Und das wird in den Zeichenhandlungen der Sakramente sinnlich erfahrbar und konkret. Es geht dabei eben nicht nur um Riten und Liturgien in sich selbst, mögen sie so alt sein, wie sie wollen. Es geht darum, was in ihnen und durch sie an den Menschen geschieht, die sie feiern.

Die katholische Kirche hat sich dabei – wie erwähnt – auf sieben Sakramente festgelegt.

Ganz konkret: Wenn eine Eucharistie gefeiert wird und Menschen am Abendmahl teilhaben, dann geschieht hier die tiefste und dichteste Begegnung mit Christus in der Kraft des Geistes Gottes. Hier wird Kirche, hier ereignet sich das sammelnde und einende Handeln Gottes an den Menschen. Es ist eben nicht nur eine Nachfeier des letzten Abendmahles, sondern dieses Abendmahl ereignet sich im Heute, in der Kraft des Geistes Gottes.

Und so könnte man es auch für andere Sakramente durchdenken: Die Taufe ist eben nicht nur eine Segenshandlung und eine schöne Feier, sondern was im Untertauchen in das Wasser als Neugeburt gefeiert wird, das ist Wirklichkeit: Der Mensch, das Geschöpf Gottes, wird von Gottes Geist erfüllt und wird so Christus gleich: Er wird Sohn, Tochter Gottes, gehört zu Gott und lebt aus dieser Kraft. Und wenn Versöhnung gefeiert wird – wir werden noch darüber sprechen –, dann geschieht sie sinnenfällig auch. Es ist nicht nur ein Wunsch oder eine Gebetsbitte um Versöhnung mit Gott, sondern hier ereignet sie sich.

Ganz schön steil, was Sakramente also meinen. Dabei war und ist sich die Kirche klar, dass die sieben Sakramente ja nicht die ausschließlichen Orte sind, an denen Gottes Wirken zum Heil der Menschen sich ereignet: Die Begegnung mit dem liebenden

Gott, der Menschen das Heil und Versöhnung schenkt, ist nicht an Sakramente gebunden. Gottes Geist weht, wo er will, und die Erfahrung seiner liebenden Nähe ist nicht auf liturgisches und sakramentales Handeln zu reduzieren – aber umgekehrt: In diesen sieben Kernhandlungen verdichtet und bezeugt sich Gottes Handeln in seinem Volk.

Hier gilt es, einen Moment innezuhalten: Wenn in den evangelischen Kirchen immer wieder von der Rechtfertigungslehre die Rede ist, und davon, dass es immer Christus ist, der handelnd wirkt, dann sind die Sakramente die »katholische Version« dieser Wahrheit des Evangeliums. Es geht bei den sakramentalen Handlungen immer darum, dass Christus selbst handelt: Christus tauft und fügt Menschen in seinem Volk ein, Christus stärkt mit seinem Geist Menschen, Christus vereint uns immer wieder in eine tiefe Gemeinschaft, indem er uns sich selbst in Leib und Blut schenkt, Christus schenkt Versöhnung, Christus ist der Handelnde in der Gestalt des Priesters und in der Gemeinschaft der Liebenden, Christus schenkt Heil in Krankheit und Sterben.

Katholisch gesprochen geschieht dieses Handeln inmitten seiner Gemeinschaft. Nicht umsonst sind diese sieben Sakramente nicht einfach kontextlose Riten und Rituale, sondern Feiern der Gemeinschaft der Kirche. In den liturgischen Feiern der Sakramente verdichtet sich also das, was auch »Kirche« ist.

Kann man das erleben? Ich jedenfalls habe dies vielfach erlebt und gefeiert. Ich erinnere mich an eine Taufe, die ich vor kurzem mitfeiern durfte. Inmitten der Gemeinschaft der Glaubenden standen dort die sehr jungen Eltern mit ihrem Kind, das mit einem Downsyndrom leben muss. Sie strahlten vor Freude. Im Vorgespräch hatte ich sie nach ihrem Taufspruch für das Kind gefragt. Sie sagten: »Für unser Kind haben wir dieses Wort gefunden: *Durch die Gnade Gottes bin ich, wie ich bin* … Das ist doch genau unsere Situation ...« Im Gottesdienst haben wir das Kind und seine Eltern der Gemeinde vorgestellt und dann auch diesen Taufspruch benannt. Die Atmosphäre bei dieser Taufe, die Ergriffenheit und Freude der ganzen Gemeinde, werde ich nie vergessen – und es wurde in dieser Feier so mehr als deutlich, dass hier wirklich Gottes Geist wirksam war.

Ich erinnere mich an so viele Feiern der Firmung von Jugendlichen, die am Ende immer sehr innerlich berührt waren von der Firmung durch den Bischof. In der Tat war es sehr oft schwierig zu erklären, was denn wirklich passiert war. Und dennoch spürten und fühlten die jungen Menschen deutlich die Nähe eines Geheimnisses.

Und so habe ich es auch bei vielen Krankensalbungen erlebt. Es war nicht nur die Salbung des Kranken selbst, die in ihm einiges veränderte. Es war auch die mitfeiernde Gemeinschaft, die spürte, dass hier ein besonderer Geist wehte.

Oft sind solche Erfahrungen nur im Nachhinein beschreibbar. Aber vielleicht ist es genau das, was eine Gotteserfahrung des biblischen Gottes ausmacht. Als Mose Gott sehen wollte, da konnte er ihn nur *von hinten* sehen. Und die Emmausjünger erkennen den Herrn gewissermaßen erst später: *Brannte uns nicht das Herz in der Brust, als er mit uns redete und uns den Sinn der Schrift erschloss? (Lk 24).* Gotteserfahrungen sind keine sinnlichen Erfahrungen, aber in den Sakramenten wird sinnlich wahrnehmbar, was in der Tiefe unseres Seins geschieht.

Die Priester

Aber warum braucht es für die meisten Sakramente einen geweihten Priester? Warum gibt es eine sakramentale Priesterweihe? Das ist erläuterungsbedürftig, denn in der evangelischen Kirche gibt es zwar PastorInnen und Geistliche, aber Priester? Hier sträubt sich das protestantische Herz und verweist – mit Recht – auf das Alte und Neue Testament. Im Alten Testament gab es Priester im Gottesvolk. Sie waren dazu bestimmt und ausgewählt, die liturgischen Opferhandlungen im Tempel zu vollziehen. Sie waren dazu da, Vermittler zu sein, sich Gottes Geheimnis zu nähern und geheime oder doch besondere Riten und Opfer zu vollziehen. Mit Christus ist das zu Ende. Er ist der einzige Priester, so sagt der Hebräerbrief. Und für alle, die ihm nachfolgen, braucht es keinen Priester mehr, um zu Gott zu kommen. Alle haben den direkten Zugang zum liebenden Vater. Noch mehr: Alle, die zu Christus gehören, sind durch die Taufe ein *priesterliches Volk*: Sie sind durch die Liebe Gottes beschenkt, und sie schenken sie an alle weiter.

Ist also die Rede von geweihten Priestern ein Rückschritt? Unterbietet man da nicht das Christentum, das allen Gläubigen uneingeschränkten und persönlichen Zugang zum liebenden Gott verheißt? Und es regt sich ein weiterer Verdacht. Geht es dann nicht einfach nur um Macht und Einfluss? Oft wird die Priesterweihe in dieser Weise missverstanden. Dann denkt man, dass in der katholischen Kirche einfach durch diese Weihe eine Machthierarchie entsteht. Und das aus gutem Grund. Denn in den vergangenen Jahrhunderten hat sich häufig herausgestellt, dass aus diesen Weihen der Priester, Bischöfe und Päpste ein Klerikalismus entstand, der in einem machtvoll kontrollierenden Gegenüber zum Volk Gottes besteht. Und dieser Klerikalismus ist keine Vergangenheit. Geht es in der Kirche also vor allem darum? Geht es um Macht, die dann auch noch Männern vorbehalten ist? Und entsteht nicht so eine Clique alter Männer, die ihre klerikale Karriereleiter hochsteigen und so die Kirche regieren? Das wäre schrecklich – das ist schrecklich und zuweilen nicht auszuschließen. Papst Franziskus benennt diese Fehlhaltung neuerdings sehr deutlich. In einem Brief an eine lateinamerikanische Kommission schreibt er: *Diese Haltung* (des Klerikalismus – *CH) missachtet nicht nur die Persönlichkeit jedes einzelnen Christen, sondern läuft Gefahr, die Taufgnade geringzuschätzen und abzuwerten, die der Heilige Geist in die Herzen unserer Menschen gesenkt hat. Der Klerikalismus führt zur Funktionalisierung der Laien, behandelt sie als »Laufburschen«, beschneidet ihre verschiedenen Initiativen, ihre eigenen Bemühungen und – ich wage zu sagen – ihren eigenen Wagemut, die Gute Nachricht des Evangeliums in alle Bereiche gesellschaftlichen und vor allem politischen Handelns zu tragen. Statt zu unterschiedlichen Beiträgen und Vorschlägen zu ermuntern, erstickt der Klerikalismus mehr und mehr das prophetische Feuer, das im Herzen der Völker zu bezeugen die ganze Kirche berufen ist. Der Klerikalismus vergisst, dass die Sichtbarkeit und das sakramentale Wesen der Kirche dem gesamten Volk Gottes gehört (vgl. LG 9,14) und nicht nur einigen wenigen besonders gebildeten Auserwählten.*

Aber eigentlich geht es ja um etwas ganz anderes. Am besten kann ich das vielleicht mit einer eigenen Erfahrung – ich bin ja selbst Priester – erzählen. Es war der Tag nach meiner Priesterweihe in Rom. Inzwischen ist das 30 Jahre her, aber ich kann mich noch sehr genau erinnern, als ich zum ersten Mal selbst eine Messe feierte, zusammen mit den vielen Gästen, die aus Deutschland zur Priesterweihe gekommen waren. Während der Gottesdienst begann, schoss es mir durch den Kopf und durch das Herz: *Was du hier tust, das übersteigt dich total ... Du kannst zwar die Worte sprechen, die Jesus Christus beim letzten Abendmahl gesagt hat, aber was sich hier ereignet, das kannst du nicht machen. Du bist irgendwie enteignet ...*

Hier liegt vielleicht eine Möglichkeit, verständlich zu machen, worum es uns Katholiken bei der Priesterweihe geht. Wir hatten ja schon gesagt, dass die Feier der Sakramente vor allem eines deutlich machen will: Christus schenkt seiner Kirche, schenkt den Menschen Heil und Gemeinschaft, Freiheit und Erlösung. In der Taufe, in der Eucharistie wird in sinnenhaft erfahrbaren Zeichen (Wasser, Brot, Wein) gefeiert, dass Gott sich ganz schenkt: In der Taufe wird das Eintauchen in das Wasser zum Zeichen für den neuen Anfang von Leben, den nur Gott schenken kann. In der Feier des Mahles ist in Brot und Wein Christus selbst da: Er lässt sich »essen und trinken«, damit wir ihn ganz aufnehmen und verwandelt werden in ihn.

Aber der Fokus darauf, dass es immer und nur Christus ist, der das Brot bricht, den Kelch reicht, der ist in der katholischen Tradition noch weiter entwickelt worden. Nur Christus selbst kann das Brot brechen, nur er kann heilen, nur er schenkt Versöhnung – dieses radikale »Nur Christus« spiegelt sich in der Theologie des Priestertums wider und führt dazu, dass Menschen in unserer Kirche zu Priestern geweiht werden.

Priester werden nicht rituelle Magier, die irgendwie Gottes Handeln beeinflussen könnten und deswegen eine besondere »Macht« über heilige Handlungen haben – eher im Gegenteil: Sie werden für einen Dienst geweiht, der eigentlich sehr enteignend ist. Sie können ja nicht Sakramente feiern, weil sie eine besondere Macht haben, sondern Weihe meint nichts anderes, als dass hier Christus durch die, die in den Dienst genommen wurden, machtvoll wirken will. Was kein Mensch kann, geschieht hier durch einen Menschen und für das Volk Gottes. Eigentlich also ist es keine Machtposition, sondern ein demütiger Dienst, ein Dienst für die anderen Christen, damit Christus ihnen immer mehr Kraft und Energie für ihr Leben gibt.

Zugegeben: Diese Rede von Priestern und ihrer Weihe zum radikalen Dienst ist riskant. Das zeigt die Geschichte. Es wurde oft ein »oben« und »unten« daraus, und Priester verstanden sich zu oft als eine eigene Kaste, die sich über Macht und Herrschaft über das Volk Gottes definierte. Diese klerikale Versuchung ist gegenwärtig. Allerdings trifft sie nicht die Sache selbst, die ich versucht habe zu beschreiben. Es geht nämlich immer um einen radikalen Dienst. Die Frage ist natürlich, wie man verhindern kann, dass es zu einem Selbstverständnis der Macht und der Überordnung kommen kann – gerade dann, wenn meine Kirche immer wieder betont, dass es eine fundamentale Gleichheit aller Christen gibt.

Ich glaube, die Lösung liegt darin, wie junge Männer heute zu Priestern ausgewählt werden. Wahrscheinlich schauen wir zu wenig darauf, ob die Kandidaten menschlich in der Lage und so reif sind, dass sie sich wirklich als Diener am Volk Gottes verstehen. Ja, denn das setzt die Fähigkeit zur Demut voraus – eine doppelte Demut: ein Wissen darum, dass es nicht um mich geht, um mein Tun und Handeln, sondern dass Gott handeln will – und eine Haltung, die wirklich radikal im Dienst an den Anderen steht.

Das ist anspruchsvoll: Natürlich haben Priester die Aufgabe, das Volk Gottes zu leiten – aber Leitung heißt eben nicht, dass ein Priester bestimmt, wo es lang geht. Vielmehr heißt Leitung hier dafür zu sorgen, dass das Volk Gottes erfahren kann, dass Christus es führt und leitet. Und in der Verkündigung des Evangeliums geht es nicht darum, als toller Prediger angesehen zu werden – sondern dafür zu sorgen, dass den Christen Christus nahe sein kann und ihr Leben verwandelt. Und gerade in der Feier der Sakramente soll deutlich werden: Hier ist Christus – nicht der Priester.

Nur ehelose Männer?

Einige Jahre durfte ich Priesterausbilder sein. Die Begleitung junger Männer auf dem Weg zum Priestertum gehört zu meinen spannendsten und intensivsten Erfahrungen der letzten Jahre.

Eine andere äußerst spannende Erfahrung in diesem Kontext war die Begegnung mit evangelischen Theologinnen und Theologen. Gemeinsam sind wir auf eine ökumenische Reise gegangen, um Zukunftsprojekte der anglikanischen Kirche kennenzulernen. Im Vorfeld hatten wir gemeinsame Treffen, um uns besser kennenzulernen. Dazu gehörte auch eine wechselseitige Fragestunde. Und natürlich kamen die klassischen Fragen – und natürlich von Seiten der evangelischen Theologinnen die Frage: Wieso dürfen eigentlich nur Männer Priester werden? Zum Zölibat waren wir in diesem Gespräch noch gar nicht gekommen.

Ziemliches Schweigen in der katholischen Runde. *Der Papst hat doch schon entschieden*, flüsterte mir ein Seminarist zu. So einfach ist es aber wohl nicht. Nein, einfach ist es nicht. Und das hat damit zu tun, dass wir als Katholiken tendenziell sehr stark auf die Tradition achten. In der Tat, der Papst hat vor einigen Jahren gesagt, dass die katholische Kirche *keine Vollmacht habe,* die Tradition anders zu interpretieren. Eine spannende Aussage, die aber nicht verhindert hat, dass weiterhin darüber diskutiert wird ...

Aber kann man denn versuchen, dieses Festhalten meiner Kirche vernünftig zu interpretieren? Ich denke schon: Die katholische Kirche sieht sich gebunden an eine Erfahrung und Wirklichkeit des Ursprungs. Und diesen Ursprung liest sie nicht als zeitgebunden, sondern als wesentlich. Das ist ein wichtiger Unterschied, denn es wird uns im Kontext der Ehelosigkeit noch einmal begegnen. Jesus war ein Mann, die Apostel waren alle Männer und in der frühen Geschichte, so liest sie meine Kirche, waren die Vorsteher der Gemeinden Männer. In der sehr wechselhaften Geschichte der Kirche ist diese Perspektive immer leitend gewesen – und es ist auch so, dass natürlich theologisch intensiv darüber nachgedacht wurde. Man kann in der Tat auch philosophisch über das Wesen von Männern und Frauen nachdenken, und in tiefgreifenden Reflexionen auch zu einem Ergebnis kommen, das dann behauptet, dass nur Männer »von der Natur der Sache« her als Amtspriester fungieren können.

Ich selbst möchte einem solchen Gedankenweg nicht folgen. Und dennoch denke ich, dass möglicherweise hier die lange Erfahrung und Reflexion der Kirche zu diesem Punkt zu dem Zwischenergebnis führt, das Papst Johannes Paul II. in seinem Schreiben »Ordinatio sacerdotalis« formuliert hat: *Damit also jeder Zweifel bezüglich der bedeutenden Angelegenheit, die die göttliche Verfassung der Kirche selbst betrifft, beseitigt wird, erkläre ich kraft meines Amtes, die Brüder zu stärken (vgl. Lk 22,32), dass die Kirche keinerlei Vollmacht hat, Frauen die Priesterweihe zu spenden, und dass sich alle Gläubigen der Kirche endgültig an diese Entscheidung zu halten haben.*

Das tun die Gläubigen aber nicht. Im Gegenteil. Es wird weiter diskutiert. Vielleicht hat die Äußerung des Papstes mit einer konstitutiven Ehrfurcht des Amtes vor der Geschichte zu tun. Genau so ist es ja auch von seiner Aufgabe beschrieben, die Tradition zu wahren. Bei der Regelung um die Zulassung zum Amt geht es eben, so der Papst, nicht um eine einfache Anpassung, sondern um die *göttliche Verfassung der Kirche*. Und hier, so sagt der Papst, kann man nicht einfach etwas ändern. Diese Macht hat die Kirche nicht, weil sie eben nicht einfach eine Organisation wie andere ist, sondern diese ihre Grundgestalt *gegeben* ist. Es wäre also zeitgeistige Anpassung, wollte man hier anders handeln. Man muss allerdings auch sagen: Die abschließende Mahnung an alle Gläubigen, sich endgültig an diese Entscheidung zu halten, die klingt mehr als hilflos. Zweifellos ist es so, dass es ja auch einen Fortschritt in der Einsicht in gottgegebene Konstitutionsmerkmale der Kirche geben könnte – aber das scheint nicht so zu sein, nicht im Moment. Und deswegen wird die Diskussion für beendet erklärt, weil es im Moment keine klarere Lösung gibt. Und da die katholische Kirche im Blick auf heilige Traditionen immer auf Nummer sicher geht, kann sie dann auch nicht anders entscheiden.

Anders als die protestantischen Kirchen, die dies allerdings auch erst seit ca. 40 Jahren anders tun. Die protestantischen Brüder und Schwestern verfolgen hier eine andere Perspektive. Die Neuinterpretation der Tradition anhand der Zeichen der Zeit scheint in den evangelischen Kirchen schneller zu gelingen: Es herrscht jedenfalls eine zeitfreudigere Perspektive vor – mit allem Risiko. Aber vor allem ist auch zu bedenken: Der Dienst des Pfarrers ist theologisch nicht so hoch aufgehängt. In der Tat kennt die evangelische Kirche keine sakramentale Priesterweihe und verankert also auch diesen Dienst nicht in der konstitutiven gnadenhaften Kirchenwirklichkeit, sondern in der Frage nach der angemessenen Organisationsform.

Und die Ehelosigkeit der Priester? Ist das eigentlich ein »Pflichtzölibat«, wie häufig gesagt wird? Es ist ja Fakt, dass diese Tradition offensichtlich nicht zum Kernbestand der apostolischen Überlieferung gehört. Und in der Tat war Jesus zwar ein eheloser Mann, aber die Apostel und deren Nachfolger in den Gemeinden waren in der Regel verheiratet. So hat sich die Kirche hier im Laufe ihrer langen Geschichte entschieden, dass sie nur Männer für den priesterlichen Dienst auswählt, die ehelos sind und so leben wollen. Die Rede vom Pflichtzölibat ist hier also irreführend, es sei denn, man würde bei Verheirateten von einer »Pflichtehe« reden. In beiden Fällen, bei Eheschließungen wie bei Priesterweihen, setzt aber die kirchliche Gemeinschaft die freie Entscheidung der Einzelnen als wesentlich voraus. Alles andere wäre auch schrecklich. Und in der Tat: Ehen wie Priesterweihen sind ungültig, wenn sich herausstellt, dass die notwendige Freiheit der Entscheidung fehlte. Das ist öfter der Fall, als man glauben mag – auch heute.

Ich habe mir als Jugendlicher nicht vorstellen können, ehelos zu leben. Das lag außerhalb meines Denkens. Und ich glaube, das ist nicht ganz falsch. Denn der Mensch ist – schon in der Schöpfungsgeschichte – angelegt auf personale Partnerschaft. Es gehört zum Wesen des Menschen, in solcher personalen Gemeinschaft zu leben. Und doch gibt es seit dem Kommen Jesu und immer wieder in der Geschichte der Kirche ein Bewusstsein für eine neue Berufung zum Menschsein. Jesus formuliert es im Evangelium, wenn er von einer Ehelosigkeit *um des Himmelreiches willen* spricht. Was meint er da, wenn er hier seine eigene Erfahrung ins Wort bringt?

Die Begegnung Jesu mit seinem Gott, mit seinem *Vater*, war so intensiv, dass diese Beziehung der Liebe alles übertraf, was Jesus menschlich gelebt hatte. Was Jesus *Reich Gottes* nennt, das ist die Erfahrung, dass sich das ganze Leben und die ganze Wirklichkeit aus dieser Beziehung heraus verwandelt und erneuert – und Jesu ganzes Leben sich in der Hingabe und Leidenschaft für diese neue Welt auch menschlich verwirklicht.

Schwer vorstellbar? In der Tat. Aber für mein Leben habe ich das auch so erlebt. Ich hätte mir gut vorstellen können, mit einem anderen Menschen zusammenzuleben, bis an jenem Tag, an dem ich fühlte und spürte, wie nah dieser Gott mir war, und ich so etwas wie einen Ruf spürte, mein ganzes Leben für diese Wahrheit einzusetzen. Ich habe das getan – und natürlich ist es ein Weg des Wachsens. Denn ich bin ja immer noch ein ganzer Mensch mit meiner Sehnsucht und Leidenschaft. Aber ich spüre deutlich in mir, dass dies wirklich mein Lebensweg ist, in allen krummen Wegen, in allen Niederlagen – immer ist mir klar, dass ich auf diesen Weg der Ganzhingabe gerufen bin.

Von daher wehre ich mich, wenn von »Pflichtzölibat« die Rede ist. Nein, es ist eine persönliche Lebenswahl, die Menschen treffen, wenn sie sich von Christus in dieser Weise ergriffen fühlen. Und den jungen Männern, die sich auf den Weg machen wollten, habe ich immer die Frage gestellt, wie sie diese Ehelosigkeit als Berufung sehen können. Denn ich halte es für unmöglich und unverantwortlich, eine solche Wahl zu treffen, wenn man nicht diesen inneren Ruf und diese innere Leidenschaft zur Ganzhingabe an Gott und seine Welt empfindet – und deswegen ihr folgt.

4. Der Geist und die Heiligen

Wir haben viel über den Papst reflektiert, über Sakramente, über Priester – das ist typisch katholisch: Die katholische Kirche hat eine grundlegende Struktur und ist eine Institution, die – so die Idee, nicht immer die Wirklichkeit – aber nur darum besteht, dass Christus und damit der Ursprung der Kirche immer lebendig bleibt.

Die Erfahrung ist oft eine andere: Man schaut wie gebannt auf die Institution, auf Bischöfe und Päpste – und streitet sich leidenschaftlich über Strukturfragen. Als wäre die Kirche vor allem Institution und ein Gefüge, in das sich Gläubige dann einordnen müssen. Und es scheint dann häufig so, dass nicht Christus im Mittelpunkt steht, sondern Fragen des Einflusses und der Macht – wie in jedem Verein. Da tut es gut, wieder in Erinnerung zu rufen, worum es eigentlich geht. Um Gott, um seinen Geist, um das Leben mit Christus.

Das ändert aber alles. Denn die Kirche ist nicht eine Institution wie der Chitinpanzer eines Insekts, das den Raum abgrenzt, in dem man dann Christsein kann. Sie ist doch eigentlich ein Leben, ein Volk Gottes, das von Gott gerufen, gesammelt und gesandt wird. Natürlich braucht es auch eine Struktur, aber die soll – wie das Skelett bei uns – nur dafür sorgen, dass der ganze Leib Halt und Gestalt hat – und wachsen kann.

Diese Umkehrung im Blick ist wichtig, und sie ist auch die eigentlich richtige. Das wird mir immer dann deutlich, wenn ich mich frage, wie sich die Kirche eigentlich durch die Jahrhunderte erhalten hat oder besser: wie sie in der Lage war, auf die wandelnden Umstände zu antworten, immer wieder neue Gestalten annimmt und so zukunftsfähig ist.

Im Dom von Hildesheim war das – zu früheren Zeiten, vor seiner Renovierung – immer sehr deutlich erkennbar. Dieser Dom ist eine romanische Kirche, trutzig und stark gebaut. Und man könnte denken: Darum geht es, dass die Kirche stabil bleibt, Ort der Tradition und Beständigkeit. Doch dann sind da zwei »Störungen« eingebaut: Am Eingang der Apsis konnte man es lesen: *Und du wirst das Angesicht der Erde erneuern.* Die Rede ist vom Heiligen Geist und macht eines klar: Die Verwurzelung und die Verankerung in der Tradition und im Ursprung hat ein Ziel: dass der Geist immer wieder alles erneuert, also gewissermaßen eine Instabilität und Veränderung bewirkt. Das ist ja fast paradox, aber doch Grundidee. Es geht darum, so sehr dem Geist Christi treu zu sein, damit dieser mit seiner Urgewalt immer wieder neu schaffen kann, verändern kann.

Und über dem Altarraum (und heute in der Mitte der Kirche) hängt ein großer Radleuchter, der vom mittelalterlichen Bischof Hezilo geschaffen wurde. Er symbolisiert die große Zielvision der neuen Stadt Jerusalem, in der – so die Bibel – es keinen Tempel mehr gibt, sondern Christus selbst in der Mitte seines Volkes lebt. Auch das ist eine Störung. Mitten in dieser mittelalterlichen Massivität der romanischen Kirche wird deutlich, dass die Christen zu etwas auf dem Weg sind, was ihre eigene Kirchen sprengt: Es geht nicht darum, die Kirche zu erhalten, sondern immer weiterzugehen, über sich hinauszuwachsen, jeden Rahmen zu sprengen.

Genau das ist ja die Aufgabe des Geistes Gottes. Wenn man in der Geschichte genau hinschaut, dann kann man ganz klar sagen: Es ist einfach erstaunlich, wie immer wieder, in jeder Zeit und jedem Jahrhundert, Erneuerungsbewegungen in der Kirche entstehen, die neue Aspekte der Zeit aufgreifen und fruchtbar machen für das Evangelium. Sie sind nicht planbar, sie sind nicht das Ergebnis strategischer Überlegungen der Verantwortlichen, seien es

Päpste oder Bischöfe. Sie kommen zustande, weil der Geist Gottes weht, weil er Menschen in die Nachfolge bewegt. Und häufig wirkten sie störend, und es brauchte zuweilen viel Zeit, bis Päpste und Bischöfe erkannten, dass hier der Geist der Kirche eine Erneuerung schenkt.

Das klingt ein wenig abstrakt, wird aber sofort konkreter, wenn man einfach einmal einige kleine Erneuerungsgeschichten erzählt.

Franziskus (1182 – 1226)

Das Papsttum war auf dem Höhepunkt der Macht. Aber die Kirche war unglaubwürdig: zu viel Macht, zu viel Luxus, zu viel unglaubwürdiges Christentum. Und das Volk Gottes wurde unruhig. Man glaubte den Verkündern des Evangeliums ihren Glauben nicht mehr – es entstanden immer mehr Armutsbewegungen, die Protest anmeldeten, manchmal sogar gewalttätig. Zugleich veränderte sich die Gesellschaft. Sie wurde mobil, der Handel wurde immer intensiver in ganz Europa. Menschen waren auf Reisen.

In dieser unruhigen Übergangszeit lebte der Sohn eines umbrischen Textilhändlers in Assisi. Er hieß Francesco Bernadone, und er konnte, aufgrund seiner wohlhabenden Eltern, ein Luxusleben führen. Eigentlich wie heute: Party und Freunde, neben der Arbeit und den Versuchen, richtig berühmt zu werden. Dieser Francesco gerät in eine große Lebenskrise – er findet nicht mehr den Sinn in seinem Leben. Eines Tages geschieht etwas Neues. Eigentlich hasst Francesco den Kontakt mit den Aussätzigen und Armen seiner Zeit, aber plötzlich zieht es ihn dazu, die Armen und Aussätzigen zu pflegen. Er löst sich von allem, was er hat, und geht einen neuen Weg in radikaler Armut. Die Leute lachen über ihn – aber nicht lange. Denn dieser Lebensstil, diese Radikalität des Evangeliums ist anziehend. Und immer mehr junge Leute aus Italien, und nur wenig später aus ganz Europa, folgen ihm auf seinem Weg.

Francesco selbst wollte nichts gründen, er wollte nur seinen Weg gehen, das Evangelium leben. Aber er hat die Kirche seiner Zeit und bis heute sehr stark verändert. Und nachdem am Anfang große Skepsis bei Papst und Bischöfen spürbar war, merkte man doch sehr schnell, dass hier ein verwandelnder Aufbruch wirklich wird. Bis heute gibt es die »Franziskaner«, und viele Ordensgemeinschaften und Neuaufbrüche orientieren sich an ihnen.

Adolf Kolping (1813 – 1865)

Im 19. Jahrhundert ist die Kirche in Deutschland eigentlich am Ende. Der Staat hat faktisch alles enteignet, was der Kirche gehörte. Struktureller Zusammenbruch und Chaos. Und was geschieht danach? Vielleicht ist das 19. Jahrhundert in Deutschland das »charismatische Jahrhundert« schlechthin. Inmitten der gewaltigen gesellschaftlichen Umbrüche der Industrialisierung und der demokratischen Revolutionen entstehen viele Aufbrüche, die immer wieder wie eine geistgewirkte Antwort auf die Herausforderungen der Zeit wirken. Es entstehen caritative Gemeinschaften, die auf die immensen Herausforderungen der Armut antworten – und unter den Neuerern ist auch ein Kölner Priester, eben Adolf Kolping, dem das Elend der Handwerkergesellen so nahe geht, dass er – der selbst einmal Handwerker war und erst auf Umwegen Priester wurde – einen immer mehr sich ausbreitenden Verein gründet, der heimatlos gewordenen Handwerkern des Proletariats Heimat schenkt, Bildung ermöglicht und menschliches wie geistiges Wachstum. In kürzester Zeit werden überall Häuser gegründet, in denen Menschen Heimat erfahren können. Eine echte Bewegung, die bis heute weitergeht. Das war nicht immer konfliktfrei, denn es rieb sich mit den gewachsenen Strukturen – aber es war eine heilsame Antwort auf die Fragen der Zeit.

Mutter Teresa (1910 – 1997)

Fast jeder hat schon einmal von Mutter Teresa gehört, die Heilige der Nächstenliebe. Sie war schon Ordensschwester in Indien, in einem sehr behüteten Schulorden. Aber das Elend derer, die auf der Straße starben, ließ sie nicht los ... Und so ging sie los, zu ihnen, um ihnen beim Sterben nahe zu sein. Und sofort fanden sich Frauen, die ihr Leben teilten – und die wachsende Gemeinschaft breitete sich in der ganzen Welt aus, angetrieben von einer Leidenschaft für die Armen und Leidenden. Und heute findet man in jeder Metropole dieser Welt die »Missionarinnen der Nächstenliebe«.

Heiligkeit

Solche Erfahrungen kennt jede Kirche, auch die evangelischen Kirchen. Es ist eben der Geist Gottes, der die Welt erneuert – und auch die Kirche. Und immer zeigt sich so etwas wie eine »Logik des Geistes Gottes«: Menschen werden ergriffen von der Leidenschaft Gottes für die Menschen, vor allem für die Armen und Leidenden, und machen sich auf den Weg, mit ihnen das Leben zu teilen. Und dann passiert zuweilen, dass diese leidenschaftlichen Menschen andere mit anziehen. Es entstehen Gemeinschaften, die sich ganz in den Dienst des Nächsten stellen, die alle von einem selben Geist beseelt sind.

Das geschieht nicht nur im Christentum, sondern in allen Religionen und auch außerhalb von ihnen. Wir Christen meinen dann, dass es der Geist Gottes ist, der Geist der barmherzigen Liebe, der diese Menschen antreibt und gleichzeitig eine ungeheure Resonanz in den Zeitgenossen auslöst.

Wir Katholiken haben dafür ein spannendes Wort: Wir sprechen von Heiligen. Nach dem, was ich von den drei geisterfüllten Personen in Kürze erzählt habe, kann man, glaube ich, ganz gut verstehen, was damit gemeint ist – und was damit nicht gemeint ist.

Es geht nicht um Hochleistungschristen, um Menschen mit besonderen christlichen Leistungen – um Superstars der Katholiken. Es geht um etwas ganz anderes, wie man an den drei skizzierten Geschichten erkennen kann. Franziskus, Adolf Kolping und Mutter Teresa machen deutlich, dass es nicht um geistliche Höchstleistungen geht. Es ist doch ganz anders. In einer bestimmten Zeit mit ihren konkreten Herausforderungen werden Menschen innerlich vom Geist Christi überwältigend angerührt. Und in ihnen wächst eine Leidenschaft, die Liebe ganz konkret zu leben und so ganz aus dem Evangelium zu handeln. Und dieses Handeln hat Resonanz. Oft fühlen sich Menschen innerlich so angesprochen, dass sie einfach mitgehen und mithandeln – und oft spüren die Menschen im Umfeld dieser Personen, dass hier so etwas geschieht wie eine neue Nähe Gottes. Nicht umsonst dachten die Zeitgenossen des Franziskus, dass in ihm Christus gegenwärtig ist.

Und genau das meint Heiligkeit: Menschen spüren Echtheit und Authentizität einer Liebe, die größer ist als die Leistung eines Einzelnen, die größer ist als diese Welt. Und so ist es kein Wunder, dass diese Menschen zu Vorbildern des Glaubens wurden. Das ist kein politisches Programm einer Institution, sondern unmittelbare Resonanz in den Herzen der Menschen. Ich denke, das hat damit zu tun, dass im Menschen eine unglaubliche Sehnsucht nach Gott ist.

Also geht es auch hier nicht um menschliche Leistung, sondern um ein undurchschaubares göttliches Dasein im Menschen, das im Übrigen diese Menschen sich nicht ausgesucht hatten. Und wenn man sie gefragt hätte, warum sie dies alles tun, was sie tun, dann hätten sie wahrscheinlich geantwortet: Ich folge der Stimme Gottes in mir, und diese Stimme ruft mich mit Leidenschaft – also folge ich ihr. Sie wären nie auf den Gedanken gekommen, Heilige zu werden – das war nicht ihr Ziel. Aber man kann in ihnen erkennen, dass hier Gottes Kraft machtvoll wirkt. Er ist es, der diese Menschen verwandelt und prägt – und sie haben sich prägen lassen.

Das gilt natürlich nicht nur für katholische Heilige, und auch nicht nur für besondere Christen. Ich denke, diese Dynamik ist in uns Menschen angelegt. Unsere Sehnsucht nach Sinn und Fülle des Lebens wird gestillt, wenn wir die Leidenschaft für andere entdecken und aus ihr leben – egal, welche Resonanz das haben wird. Es geht um unseren Weg des Lebens, und der erfüllt sich, wenn wir uns von der Liebe erfüllen und prägen lassen, nach der wir immer Ausschau halten. So sind wir wohl – so sagen wir Katholiken – alle auf dem Weg der Heiligkeit. Nicht deswegen, weil wir etwas Besonderes täten, besonders berühmt wären oder großartige Taten der Liebe vollbringen, sondern weil wir einfach nur versuchen, aus der Liebe heraus zu handeln. Was daraus wird, ob andere es erkennen, ob es eine große Resonanz gibt – das ist nicht so wichtig. Heiligkeit heißt einfach nur, nach der Fülle des Lebens zu streben, die uns von Gott verheißen ist.

5. Wie wird man katholischer Christ?

Kindertaufe, das ist oft ein großes Familienfest, das wir in der katholischen wie in der evangelischen Kirche und vielen anderen Konfessionen feiern. Allerdings verändert sich gerade heute diese Praxis. Und es macht Sinn, einmal genauer hinzuschauen. In der Tat, seit einigen Jahren werden weniger kleine Kinder getauft und so zu katholischen (oder evangelischen) Christen. Das hat vielfache Gründe. Ganz einfach kann man sagen: Seit den 60er-Jahren des 20. Jahrhunderts verändert sich die Zugehörigkeit auch zur katholischen Kirche. War es eigentlich einmal selbstverständlich, dass man seine Kinder taufen ließ, weil man wie selbstverständlich katholisch war, so ist doch heute der christliche Glaube eine persönliche Entscheidung, ein persönlicher Weg. Und der ist eben nicht so selbstverständlich.

Und entsprechend werden zwar noch immer viele Kinder getauft – aber viele auch nicht mehr. Da stellt sich doch die Frage: Was bedeutet die Taufe eigentlich? Ist sie mehr als eine Familienfeier? Geht es um den Segen Gottes für das Kind – oder ist mehr gemeint?

Eigentlich, so müsste man sagen, ist die Kindertaufe nichts Urchristliches, wie ja auch häufig von evangelischen Freikirchen gesagt wird. Wer sich an den Ursprung des Christentums zurückversetzt, der wird feststellen, dass die Taufe von Menschen immer eine bewusste Entscheidung für ein Leben mit Jesus Christus voraussetzte. Das fängt schon im Neuen Testament an. Jesus ruft Jünger in seine Nachfolge, und diese Jünger wenden sich bewusst Jesus zu und sind dann mit ihm auf dem Weg. Christwerden ist also eine Berufung, eine persönliche Erfahrung, die das Leben verwandelt und prägt. So war es auch immer wieder in den ersten Jahrhunderten. Allerdings war schon damals klar: Wenn eine

Familie, ein Vater, eine Mutter sich taufen ließen, dann wurden auch die Kinder mitgetauft. Sie fanden sich dann eingebettet in den christlichen Weg, den ihre Eltern gingen.

Taufe, so sagen wir, ist damit also eine Lebensentscheidung, und es braucht eine innere Berührung, einen inneren Ruf, um sich auf diesen Weg zu machen. Solange die Christen eine Minderheit in der Gesellschaft waren, funktionierten die Wege zur Taufe so: Menschen waren angerührt und machten sich auf einen Kennlernweg des christlichen Glaubens. Am Ende dieses Weges, der manchmal lange, manchmal kürzer dauerte, stand dann die Taufe. Die Menschen waren sich bewusst, dass eine solche Taufe einschneidende Konsequenzen hatte. Es ging in der Tat um eine Neuausrichtung des Lebens.

Denn Taufe ist mehr als ein Segen Gottes für einen Menschen. In der Tat ist es ja so: Wir glauben, dass alle Menschen von Gott unendlich geliebt sind und aus dieser Liebe leben. Der Segen Gottes liegt also auf allen Menschen, und wir können diesen Segen natürlich zeichenhaft feiern. Meine Mutter hat das immer getan und tut es noch heute: Jeden Morgen, wenn wir zur Schule gingen, zeichnete sie ein kleines Kreuz liebevoll auf meine Stirn, und das war für mich immer eine Zusicherung des Schutzes und der Nähe Gottes. Und noch heute, wenn ich meine Mutter besuche, dann ist dieses Zeichen unser Abschiedsritual am Ende des Besuches.

Aber Taufe ist mehr: In der Taufe gebe ich eine Antwort auf die Liebe Gottes, die ich erfahren habe – ich antworte mit meiner Liebe auf die Liebe, die ich erfahren habe. Und in dieser Antwort wird mir noch einmal tiefer geschenkt, was in der Liebe Gottes steckt: ein neuer Anfang des Lebens.

Deswegen sind die Zeichen und Zeichenhandlungen, mit denen dieses Geschehen gefeiert wird, so sprechend. Der zentrale Ritus ist ja das Eintauchen und das Untertauchen in das Wasser. Es ist beeindruckend, ein solches Untertauchen zu erleben. Es will zeichenhaft verdeutlichen, dass der Mensch, der sich taufen lässt, das vergangene Leben lässt, befreit wird von aller Schuld, die gewissermaßen abgewaschen wird – und dann in ein neues Leben »auftaucht«: als Sohn und Tochter Gottes, so wie Christus Sohn Gottes ist.

Dies wird durch weitere Zeichen »sichtbar«: Der Neugetaufte zieht ein weißes Gewand an, als Zeichen des neuen Lebens. Dieses weiße Gewand hat es in sich – denn es ist das Zeichen der Getauften und wird bei wichtigen Ereignissen des christlichen Lebens immer wieder auftauchen: Mädchen tragen das weiße Gewand bei der Kommunion – Bräute kleiden sich weiß – und auch bei der Priesterweihe treten die Kandidaten in einem weißen Gewand an, bevor sie geweiht werden. Und am Ende des Lebens ist es oft das weiße Sterbegewand, in das die Toten gekleidet werden – all dies weist auf die Taufe hin und macht noch einmal deutlich: Die Taufe ist das entscheidende »Vorzeichen« des christlichen Lebens, ist nicht »abwaschbar«, ist gewissermaßen das bleibende Fundament allen christlichen Lebens.

Ein weiteres Zeichen ist die Taufkerze, die während der Taufe entzündet wird. Sie verweist auf Christus, das Licht. Eindrucksvoll wird dies in der katholischen Osternacht, der Feier der Auferstehung Christi. In die absolut dunkle Kirche wird eine große Kerze getragen, von der aus nach und nach alle Kerzen, die die Gläubigen in den Händen halten, entzündet werden. Das ist ein zutiefst beeindruckendes Zeichen: Das Licht, das Christus ist, erleuchtet alle Getauften. Wenn nun Taufe gefeiert wird, geschieht dies auch für den Täufling. Er hat eine Kerze, die dann an der Osterkerze, die in der Kirche steht, entzündet wird. Sie soll symbolisieren, dass nun dieser Neugetaufte im Licht Gottes ist und im Licht bleibt. Auch diese Kerze taucht im Leben des katholischen Christen immer wieder auf: Bei der Kommunion, bei der Hochzeit und schließlich auch bei der Beerdigung wird diese Kerze entzündet, als Zeichen dafür, dass das Leben Christi und sein Licht das Leben und auch den Tod eines Christen prägt.

Wenn heute immer weniger Kinder getauft werden, dann wäre interessant zu sehen, ob umgekehrt die Zahl der Erwachsenentaufen zunimmt. Und in der Tat gewinnt der Weg der Erwachsenentaufe Kraft. Die katholische Kirche hat diesen Weg genau in der Zeit wiederentdeckt, als sich abzeichnete, dass die Zeit des selbstverständlichen Christseins zu Ende ging. In meiner Zeit als Pfarrer durfte ich in mehreren Gemeinden Jugendliche und Erwachsene begleiten, die sich auf den Weg der Taufe machten. Es gibt wohl kaum etwas so Ergreifendes, wie mit erwachsenen Menschen das Christentum gemeinsam zu entdecken. Das geschieht nicht schnell, nicht in einem Schnellkurs und nicht durch eine Unterschrift. Es ist anders. Gemeinsam mit Christen aus der Gemeinde gingen wir einen Weg des Kennenlernens des Glaubens, der etwa ein Jahr dauerte und einmündete in die Tauffeier, die wir in der Osternacht feierten. Das waren spannende und großartige Wege. Besonders beeindruckt hat mich ein junger Mann, der nach der Osternacht sagte: *Wenn ich in den nächsten Tagen zur Arbeit gehe, dann möchte ich eigentlich das weiße Gewand anbehalten. Ich möchte, dass alle sehen, was mit mir passiert ist …*

Da stellen sich dann doch einige Fragen an die Kindertaufe. Denn wenn der Weg zur Taufe eine bewusste Entscheidung und eine Einübung in den christlichen Weg ist und dann in der Taufe so deutlich gefeiert wird – wie ist das dann bei Kindern, bei Babys zumal, die von alledem ja gar nichts mitbekommen? Wie kommt es dann zur Babytaufe? Ist das nicht widersprüchlich?

Irgendwann, in der späten Zeit des römischen Reiches, wurde es populär, sich taufen zu lassen, und irgendwann musste man dann nur noch die taufen, die neu geboren worden waren. Das geschah aus zwei Gründen: Zum einen hatte man Angst, dass Ungetaufte nicht in den Himmel kommen – und deswegen taufte man Neugeborene so früh wie möglich.

Auf der anderen Seite aber galt ja: Wenn Neugeborene getauft werden, treten die Eltern und das ganze Umfeld dafür ein, dass das Kind in das Christsein hineinwachsen kann. Der Glaube der Eltern und des ganzen Umfelds, besonders auch der Paten, soll gewissermaßen der bergende Raum sein, in dem ein Kind im Glauben aufwachsen kann. Und das war ja gewissermaßen auch durch den christlichen Kontext selbstverständlich: Von der Wiege bis zur Bahre war man von einem christlichen Milieu umgeben und konnte so von der Pike auf christliches Leben einatmen, lernen und einüben: Das Beten in der Familie, die christlichen Riten, die Feier des Gottesdienstes – all das gehört dazu. Was also bei einem erwachsenen Taufbewerber im Vorfeld der Taufe gelernt und erfahren wird, soll bei einem Neugeborenen im Laufe des Lebens eingeübt werden. Sind wir uns dessen immer bewusst?

Noch etwas anderes unterscheidet die Kindertaufe von der Taufe eines Erwachsenen. Bei einer Erwachsenentaufe feiert man nicht nur die Wassertaufe, sondern auch die »Firmung« und die erste Teilnahme an der Feier der Messe und also am Abendmahl. Das ist bei der Kindertaufe anders. Denn hier gibt es ja dann noch die Erstkommunion und die Firmung ...

Kommunion und Firmung – mehr als große Feste

Es sind immer große Feste: Die Mädchen ziehen sich das weiße Taufkleid (als »Kommunionkleid«) an – die Jungen sind zuweilen in ihrem ersten Anzug zu sehen. Alle tragen Kommunionkerzen. Ein überbordender Gottesdienst findet statt. Alle sind gerührt, und ein großes Familienfest wird gefeiert – mit Geschenken: Erstkommunion.

In Deutschland feiern katholische Kinder mit neun Jahren die erste heilige Kommunion: Nach einer oft langen Vorbereitung von fast einem Jahr findet in der Zeit nach Ostern ein Gottesdienst statt, in dem die Kinder zum ersten Mal am Abendmahl teilnehmen, den Leib und das Blut Christi empfangen. Wir sprechen dabei oft von der Erstkommunion. Kommunion, das meint »Gemeinschaft«.

Und »Gemeinschaft« ist das Kernwort christlichen Lebens. Nicht irgendeine Gemeinschaft, sondern die von Gott geschenkte Gemeinschaft in Brot und Wein, die uns alle in eine neue Gemeinschaft führt.

Als ich ein kleiner Junge war, erlebte ich immer wieder, wie meine Eltern und die vielen anderen, die mit mir in der Messe waren, aus der Bank traten und das heilige Brot, die geweihte Hostie, empfingen. Mein Bruder und ich bekamen nichts. Ich merkte, wie dieses Empfangen und Essen des Brotes für meine Eltern unglaublich wichtig war. Alle, die das Brot empfangen hatten, knieten sich nieder und beteten sehr innig in Stille. Und natürlich wollte ich das auch. Ich spürte, dass das nicht irgendwie ein Keks war, ein Stück Hostie, sondern dass die, die daran teilnehmen durften, es ganz ehrfurchtsvoll empfingen.

Und ich begann zu drängeln. Mit meinen sechs Jahren konnte ich nicht einsehen, warum ich dieses Brot, das doch Gott so nahe bringt, nicht empfangen durfte. Meine Eltern waren erst genervt, dann ratlos – und gingen dann zum Pfarrer, um ihm zu erzählen, dass ich sie dauernd bedrängte. Der Pfarrer war ein offener Mann. Er hielt es für durchaus möglich, dass ich das geweihte Brot auch schon vor meinem neunten Lebensjahr empfangen könnte, und fragte mich einfach nur, ob ich ihm sagen könnte, welches Tischgebet man am Tisch des Herrn betete. Ich antwortete wie aus der Pistole geschossen: »Das Vaterunser«. Und der Pfarrer: »Dann kannst du den Leib des Herrn empfangen«.

Ja, denn es geht nicht darum, aus kleinen Kindern allwissende Theologen zu machen. Wohl aber geht es darum, dass sie verstehen, wer ihnen im Brot des Lebens begegnet: Christus selbst, der sie mit Gott und mit den Menschen verbindet. Das hätte ich damals niemals so sagen können, aber doch empfinden: Ich wollte dem Christus begegnen, der auch meinen Eltern und den anderen Gläubigen begegnet ist – und so auch in Gemeinschaft mit allen im Gottesdienst sein.

Ich denke, das ist eigentlich das Ziel der »Kommunion« – jene Gemeinschaft mit Gott und den anderen erfahren, die Gott selbst schenkt. Und dann ist auch klar, dass man eine solche Erfahrung immer wieder machen will ... Natürlich habe ich auch Erstkommunion gefeiert, ein paar Jahre später, mit einem ersten blauen Anzug. Fotos gibt es noch davon. Natürlich haben wir auch Vorbereitungstreffen gehabt – aber die wichtigste Vorbereitung war die Erfahrung, gemeinsam mit meinen Eltern zu beten, zu glauben und Gottesdienst zu feiern.

So kann man vielleicht fragen, worauf es bei einer Erstkommunion ankommt. Zum einen geht es darum, Gemeinschaft im Glauben zu erleben und zu erfahren, wie wertvoll diese Gemeinschaft ist. Und zum anderen soll ja deutlich werden, dass diese Gemeinschaft von vielen Menschen nicht einfach wie ein Verein ist, sondern irgendwie ein wunderbares Geschenk Gottes. Und genau das feiern wir ja bei der Kommunion. Es geht also weniger um einen Gottesdienst, der manchmal wie der Auftritt aller Kommunionkinder wirkt. Es geht nicht darum, dass Kinder alles vom Glauben wissen sollten – es geht um eine geheimnisvolle Erfahrung umfassender Gemeinschaft mit Gott und den Menschen, die in den Zeichen von Brot und Wein wirklich wird. Das ist nicht zuerst eine Frage des Wissens, nicht zuerst eine Frage biblischer Kenntnisse, sondern – wie jede Erfahrung von Gemeinschaft – etwas, was im Herzen geschieht und kaum in Worten sagbar ist. Deswegen feiern wir es ja so intensiv in der Liturgie der Messe ...

Und dann gibt es noch die Firmung, die in unserer katholischen Kirche mit Jugendlichen gefeiert wird. Das Wort sagt es schon: Es geht um Stärkung. Aber dennoch ist das Sakrament der Firmung etwas, was die evangelischen Brüder und Schwestern so nicht kennen. In der evangelischen Kirche gehen junge Menschen zur Konfirmation. Und gemeint ist hier auch eine Bestärkung. Sie feiern dort Abendmahl, bekennen ihren Glauben und werden gewissermaßen in die Gemeinschaft der Gemeinde als vollwertige und mündige Mitglieder eingefügt.

Der Akzent liegt bei der katholischen Firmung anders. Ich erinnere mich sehr wenig an die Vorbereitung meiner Firmung, aber ich erinnere mich sehr gut an die Frage, welchen »Firmnamen« ich wählen sollte. In der Zeit las ich ein Buch von Luise Rinser über den heiligen Franziskus. Und dieses Buch hatte mich tief beeindruckt. Die Geschichte des Franziskus und seiner Lebenswende – so wollte ich auch irgendwie sein. Und ganz natürlich wählte ich daher als Firmnamen »Franziskus«. Er sollte »Leitstern« meines Weges sein. Und die Feier der Firmung sollte das besiegeln.

In der Feier legt der Bischof den jungen Männern und Frauen die Hände auf, salbt sie mit Chrisam und spricht: *Sei besiegelt mit der Gabe Gottes, dem Heiligen Geist – der Friede sei mit dir*, und legt dabei seine andere Hand auf die Schulter des Firmlings. Das ist ein eindrucksvoller Moment. Bei den vielen Firmungen, die ich im Laufe meines Lebens begleiten durfte, war dieser Moment der erfahrungsstärkste. Oft bildete sich eine dichte Stille aus – und wenn man nachher die jungen Leute fragte, waren sie sehr betroffen von diesem Moment.

Aber was genau ist diese Gabe Gottes, der Heilige Geist? Und was soll er bewirken? Ich erinnere mich noch an eine schreckliche Vorlesung in Rom zum Thema Firmung. Sie war sterbenslangweilig, und wir mussten unglaublich viel für das mündliche Examen pauken. Damals erschloss sich mir überhaupt nicht, was der Professor meinte, als er sagte: Die Firmung ist – so sagen es die Kirchenväter – *ad robur, ad pugnam*. Zwei lateinische Wörter: »zur Kräftigung«, »zum Kampf«.

Erst in den letzten Jahren habe ich tiefer verstanden, wie wahr das ist. Taufe, Kommunion und Firmung hängen ja zusammen. Sie bilden die Feiern des Christwerdens und haben unterschiedliche Akzente: Die Taufe zielt auf das Geschenk des neuen Lebens in der Liebe Gottes, die Kommunion – wie schon der Name sagt – führt hinein in die tiefste Gemeinschaft mit Gott, die sich in der Gemeinschaft der Menschen zeigt. Und die Firmung ist ein Geschenk der Kraft des Geistes Gottes für den eigenen Lebensweg. Sie kräftigt (*ad robur*) für den Lebensweg, der ja oft ein Ringen und Suchen, ja auch ein Kampf ist (*ad pugnam*). Und damit fällt er ja auch in die richtige Lebensphase der jungen Menschen. In dieser Zeit der notwendigen Orientierung, des Erwachsenwerdens, da fragen sich viele junge Menschen nach ihrem Lebenssinn, nach dem Beruf, nach dem Ziel ihres Lebens. Die Feier des Sakramentes der Firmung ist deswegen vor allem die Zusage, dass Gott diesen Weg kraftvoll begleitet: Er schenkt die Energie und das Licht für diesen Weg – genau das will das Sakrament sagen und damit »besiegeln«, dass dieser Geist Gottes da ist, dass man ihm vertrauen kann und auf ihn bauen kann, wenn man in sein Leben geht.

6. Und wie man Christ bleibt

Katholiken und das Evangelium? Können wir das? Dass wir stark sind in Liturgie und geistlicher Tradition – das mag ja sein – aber im Lesen und Hören der Schrift? Das war für uns ungewöhnlich, aber seit dem II. Vatikanischen Konzil hat sich das geändert ... Und das hat mit dem Wehen des Geistes zu tun. Der Aufbruch der Kirche, der sich in unserer Zeit weltweit ereignet, zeigt sich zum einen in den Aufbrüchen des Geistes Gottes: So viele charismatisch geprägte Bewegungen zeichnet eine überraschende Konvergenz aus: Das Evangelium wird aufgeschlagen, wird gelesen und ins Leben gebracht.

Meine persönliche Geschichte mit der Schrift beginnt eigentlich sehr spät. Ich war geprägt von meinen Eltern, von einer selbstverständlichen katholischen Gebetspraxis zu Hause, ich war Ministrant, und ich ging zur Kirche. Und irgendwie reichte mir das nicht. Ich hörte die Botschaft des Evangeliums, aber irgendwie blieb sie mir abstrakt. Bis zu jenem Tag in Hannover, von dem ich ja schon erzählt habe.

Ich war eingeladen worden zu einem Tag mit Jugendlichen. Ich bin mitgefahren, obwohl ich mich wie die Pest davor fürchtete, unter lauter fremden Jugendlichen allein zu bleiben. Ich hatte mich innerlich dafür gewappnet – und dann kam es ganz anders. Den ganzen Tag erlebte ich lebendige Gemeinschaft. Und irgendwie, so fühlte ich es in mir, war das eine Erfahrung mit Gott. Ich fühlte mich ungeheuer angesprochen – das war das, was mir für meinen persönlichen Glauben fehlte. Und deswegen bin ich dann auf der Rückfahrt ganz neugierig geworden: »Wie macht ihr das? Kann ich das mit euch in Göttingen (meiner Heimatstadt) auch leben?«, fragte ich Thomas, unseren Fahrer im Bulli. »Wir leben das Evangelium«, war seine mich verstörende Antwort. In dieser

Kombination hatte ich dieses Wort noch nie gehört. Aber das war mir egal, ich wollte mehr wissen. Und so begann meine kleine Geschichte mit dem Evangelium: Wir trafen uns monatlich und später auch öfter in einer kleinen Gruppe – immer lasen wir aus dem Evangelium, tauschten uns darüber aus, was es bedeutete für unser Leben, und gingen dann los mit dem Vorsatz, dieses Wort des Evangeliums ins Leben zu bringen.

Ohne es zu wissen, hatte ich damals die ökumenische Fokolarbewegung – eine der zahlreichen kirchlichen Erneuerungsbewegungen – kennen gelernt. Und eine Kernpraxis jeder Gemeinschaft ist das Leben mit dem Evangelium, das *Wort des Lebens*. Es ging hier nicht in erster Linie darum, über das Evangelium zu diskutieren, oder so etwas wie eine kluge Bibelauslegung zu wagen, sondern es ging für mich um etwas Neues: Das Wort des Evangeliums berührte mein Leben und verwandelte es ...

Ich sehe mich noch am nächsten Tag in die katholische Buchhandlung laufen. Ich kaufte mir damals meine erste Bibel und fing an, jeden Morgen in ihr zu lesen. Und das veränderte mein Leben wirklich: Der christliche Glaube, vor allem meine Beziehung zu Jesus Christus wuchs, und ich spürte diesen meinen Gott immer näher an mein Leben rücken.

Aber das war für katholische Verhältnisse in den 70er-Jahren ungewöhnlich. Es war damals noch keine 20 Jahre her, dass die in Italien entstandene katholische Fokolarbewegung für häretisch-protestantisch gehalten wurde, weil ihre Mitglieder die Schrift lasen und kommentierten. Etwa in derselben Zeit lernte die katholische Kirche gerade durch die ökumenischen Kontakte und die ökumenische Bibelbewegung den Reichtum der Schrift kennen. Und als dann an vielen Orten Erneuerungsbewegungen aufbrachen, hatten diese sehr oft einen existenziellen Zugang zur Schrift.

Das hatte auf die Entwicklung der Kirche nach dem Konzil einen hohen Einfluss. Aber was im deutschen Sprachraum eher als spirituelle Vertiefung des eigenen Glaubens in vielen kleinen Gruppen am Rande der Gemeindewirklichkeiten geschah – gewissermaßen als spirituelle Randsiedler und spirituelle Selbsthilfegruppen –, das wurde im katholischen Kosmos der Weltkirche zur Grundwirklichkeit kirchlichen Lebens: Die vielen kleinen Ortsgemeinden in Lateinamerika, Asien und Afrika lebten aus der Energie des gemeinsamen Lesens der Schrift.

Ich erinnere mich an den Besuch bei einer Jugendgruppe in einem sozial sehr schwierigen Township. Über 20 Jugendliche erwarteten uns, wir sangen gemeinsam einige Lieder und dann, nach einem Gebet, wurde die Schrift aufgeschlagen. Wir hörten auf das Wort Gottes ... und tauschten uns dann darüber aus. Und was diese Jugendlichen aus Blomfontein erzählten, das traf uns tief. Das Wort Gottes war für sie echte Lebensorientierung, inmitten der großen Schwierigkeiten, die sie in ihrem Alltag erlebten.

Seit den 70er-Jahren waren viele der kirchlichen Erneuerungsprozesse in den Ortskirchen Afrikas, Lateinamerikas und Asiens mit einer Neuentdeckung des Wortes Gottes im täglichen Leben der Gläubigen verknüpft. Die Bildung von Basisgemeinden, das Wachsen und Reifen christlichen Engagements – all das war verknüpft mit gemeinschaftlicher Lektüre der Schrift. Den Initiatoren und Förderern dieser Praxis ging es darum, dass Gemeinden vor Ort möglichst selbstständig agieren und handeln konnten – immer gegründet in der Begegnung mit dem Wort Gottes.

Einer der vielen Väter dieses Weges, der weltweit in der katholischen Kirche gegangen wird, ist Bischof Oswald Hirmer. Er gilt als *Entdecker* des *BibelTeilens* – eines Weges, wie Menschen aller Alters- und Bildungsgruppen miteinander das Evangelium lesen und leben können. Er hat diesen Weg in sieben Schritte aufgefächert – und im Mitgehen dieses Weges in vielen Gruppen und Gemeinschaften ist dann auch deutlich geworden, dass das Leben aus dem Evangelium immer viel mehr ist, als nur in der Bibel zu lesen. Es entsteht eine Gemeinschaft der Hörenden, eine Gemeinschaft, in der dieses Wort Gottes berührend verwandelt.

In einem ersten Schritt kommen die Teilnehmer – zwischen 5 und 100 Personen – zusammen und eröffnen das Lesen der Schrift mit ihren Gebeten. Und dieses persönliche Beten ist schon so etwas wie eine Schule des Betens. Natürlich können wir Tischgebete sprechen, die wir als Kinder gelernt haben, und das Vaterunser – aber es ist ja etwas anderes, Gott selbst anzusprechen, an den wir glauben. Ich habe in vielen dieser Gemeinschaften erlebt, wie sich die Atmosphäre vollkommen änderte. Denn eines ist es ja, einen biblischen Text zu lesen und zu diskutieren – etwas anderes ist es, sich in der Gegenwart Gottes zu wissen und auf sein Sprechen zu hören, sein Wort neu zu hören. Denn das ist der zweite Schritt: Jemand liest einen Abschnitt aus dem Evangelium, und wir, die wir hören, lassen uns anrühren von diesem Wort. Es geht nicht darum, ob es richtig oder falsch zu interpretieren ist – es geht um mehr: Es geht um ein Hinhören, was mich betrifft und was das Wort in mir auslöst. Nicht umsonst folgt in einem dritten Schritt dann das neuerliche Verkünden jener Worte oder Satzteile, die einen berührt haben. Das Schweigen ist dann der vierte Schritt, damit wir in uns nachklingen lassen, was wir gehört haben, und um es in einem fünften Schritt miteinander auszutauschen. Schließlich geht es darum, sich als Gemeinschaft zu fragen, welche konkreten Konsequenzen sich im jeweiligen Lebensumfeld ergeben. Schließlich mündet dieses gemeinsame Nachdenken über die Konsequenzen in ein gemeinsames abschließendes Beten. Diese Elemente, die in sehr unterschiedlicher Weise in den vielen Methoden des BibelTeilens wiederkehren, sind sehr geeignet, das Wort des Evangeliums Schritt für Schritt ins Leben zu bringen.

Und so lernten und lernen Katholiken das Evangelium. Nie sind es nur einfache Lektürekreise – immer wachsen auch neue Formen der Gemeinschaft aus diesem Hören. Vor allem können so selbstständige Christinnen und Christen wachsen – und vor allem selbstständige Basisgemeinschaften in unterschiedlichsten Formen. Es ist nicht von ungefähr, wenn Bischof Oswald Hirmer davon sprach, dass hier eine Revolution der katholischen Kirche verborgen liegt – eine Revolution, die allerdings ersehnt und gewünscht ist. Noch vor wenigen Jahren beklagten sich viele Bischöfe und auch Papst Benedikt, dass immer noch für viele Christen die Bibel nicht zu ihrem Lebensbuch geworden ist.

7. Ein Zugang zur Beichte und zum Ablass?

Beichte – das klingt heutzutage etwas seltsam. Es klingt nach dunklen Räumen und peinlichen Fragen, und es fühlt sich nach Erfahrungen an, bei denen man sich nicht wohlfühlt und den Eindruck hat, jemand – ein vielleicht wenigstens etwas vertrauter Priester – mischt sich in ein Leben ein. Und viele Menschen, vor allem ältere, berichten von schwierigen Erfahrungen.

Muss das so sein? Ist Beichte notwendig? Worum geht es denn da eigentlich? Und warum ist sie von der alten Kirche »erfunden« worden? Kann sie heute einen Sinn haben? Vergibt nicht Gott auch ohne Beichte alle Schuld?

Die gemeinsame christliche Überzeugung ist ja, dass Gott in seiner übergroßen Liebe alles, was den Menschen von Gott trennt, überwunden hat, alle Schuld und Sünde aufgehoben hat – so dass unbegrenzte Gemeinschaft zwischen Gott und Mensch entstehen konnte. Die ersten Christen waren so erfüllt von dieser Erfahrung und dieser neuen Freiheit, die sie in der Taufe feierten und erlebten, dass sie sich gar nicht vorstellen konnten, dass ein Mensch nach dieser Erfahrung noch einmal sündigen könnte ...

Doch das war natürlich nicht nur möglich, sondern sehr real. Und was kann man dann tun? Die Christen »erfanden« einen Weg der Umkehr, der Neubesinnung, bei dem es um eine Neuausrichtung auf die eigene Glaubensüberzeugung ging. Das war ein ernsthafter Weg, der mit einer tiefen Versöhnung und Wiederaufnahme seine Erfüllung fand. Ganz sicher ist dies ein Grund für die Entstehung der Fastenzeit, jener Zeit, die mit Aschermittwoch beginnt und bis Ostern reicht.

Mit der Zeit stellte sich heraus, dass dieser Weg, bei dem manchmal sehr viele Christen für eine bestimmte Periode ausgeschlossen waren vom Gottesdienst, unpraktisch war. Schon damals hatte es Gespräche mit dem Priester gegeben – und am Ende sprach dann der Priester die Worte der Versöhnung und Wiederaufnahme aus. Er tat es sakramental: Das war nicht seine Macht gewesen, sondern er tat es im Namen Christi.

So wurde dieses Verfahren in einer langen Geschichte weiterentwickelt und manchmal auch unerträglich formalisiert: Dann trat man regelmäßig zur Beichte in einen Beichtstuhl, in dem ein Priester die Sünden hörte und eine Buße auferlegte. Diese Praxis, die für viele Katholiken selbstverständlich war, hat sich an vielen Orten heute verloren. Viele erkannten und erkennen den Sinn nicht mehr, den ein solcher Weg der Versöhnung haben könnte.

Für viele findet die Beichte nicht mehr statt. Das ist schade und auch schädlich. Denn die Wirklichkeit zu allen Zeiten ist doch dieselbe: Menschen leiden unter den unerlösten Erfahrungen ihrer Vergangenheit, ihrer eigenen Schuld und Selbstzweifel – und oft ist es nicht zu einfach, zu sagen: »Ich weiß doch, dass Gott die Liebe ist und mir vergibt.« Oft braucht es ein »wirkmächtiges Außen«, das die Herzen berühren kann und sie befreit.

Genau das aber ist mit der Beichte gemeint, dem *Sakrament der Versöhnung*, wie es katholisch offiziell heißt. Es ging nie darum, dass alle zur Beichte müssten – es ging darum, wie die Versöhnung, die ja allein von Christus kommen kann, heute in dieser Dynamik des »von außen – ganz innen« wirksam werden kann.

Schon im Johannesevangelium begegnet Jesus seinen Jüngern nach der Auferstehung mit einem sehr spezifischen Auftrag. Der Evangelist erzählt: *Am Abend dieses ersten Tages der Woche, als die Jünger aus Furcht vor den Juden die Türen verschlossen hat-*

ten, kam Jesus, trat in ihre Mitte und sagte zu ihnen: Friede sei mit euch! Nach diesen Worten zeigte er ihnen seine Hände und seine Seite. Da freuten sich die Jünger, dass sie den Herrn sahen. Jesus sagte noch einmal zu ihnen: Friede sei mit euch! Wie mich der Vater gesandt hat, so sende ich euch. Nachdem er das gesagt hatte, hauchte er sie an und sprach zu ihnen: Empfangt den Heiligen Geist! Wem ihr die Sünden vergebt, dem sind sie vergeben; wem ihr die Vergebung verweigert, dem ist sie verweigert. (Joh 20, 19-23)

Jesus schenkt den Jüngern seinen Heiligen Geist mit einem spezifischen Ziel: Es geht ihm darum, dass diese Jünger im Dienst an der Vergebung der Sünden und der Versöhnung stehen. Es klingt missverständlich, als hätten die Jünger die Wahl zu vergeben oder Vergebung zu verweigern. Genau das aber ist nicht gemeint ... Denn Gott geht es immer und nur um Versöhnung. Und er allein kann vergeben und versöhnen. Wenn Jesus seinen Jüngern diesen Auftrag gibt, dann weil sie in seinem Namen diese Vergebung gegenwärtig wirksam machen sollen. Dazu empfangen sie ja den Geist Gottes. Unversöhntheit, nicht vergebene Schuld – das ist für Gott die eigentliche Katastrophe, weil dann Menschen nicht in der Fülle des Lebens leben dürfen.

In dieser Perspektive wird aus dem Sakrament der Versöhnung ein wunderbarer Ort. Nur leider hat meine Kirche sich – mindestens in Europa – an vielen Stellen dieses sehr intensive Ereignis durch schlechte Ausbildung der Priester, durch eine Erziehung zu Skrupolosität und Enge selbst verstellt, wahrscheinlich auf Generationen.

Doch vielleicht kann ich hier einige Erfahrungen beschreiben, wie dieses Geschenk-Geschehen (so könnte man das Sakrament der Versöhnung ja auch benennen) sich in neuen Formen zeigen kann – und so erfahrbar wird für Menschen unserer Zeit.
Ganz einfach besteht die Beichte in ihrer Grundform ja in einem

Gespräch mit einem Priester, der dafür einsteht, dass Christus die Versöhnung gewissermaßen wirkmächtig zuspricht. Hier öffnet sich derjenige, der beichten möchte, mit seinen Sünden und seiner Schuld – und der Priester *spricht ihn los*, nachdem gemeinsam überlegt wurde, wie ein ernsthafter Schritt des Neuanfangs gehen kann (das nennt man Buße – und die ist nicht damit getan, wenn der Priester sagt: Beten Sie doch einfach mal einen Rosenkranz).

Dann ereignet sich, in dieser Ernsthaftigkeit und Sehnsucht nach dem Neuanfang des Lebens, der eigentliche lösende Moment in dieser Form: Der Priester legt die Hände auf den Kopf des Beichtenden und spricht: *Gott, der barmherzige Vater, hat durch den Tod und Auferstehung seines Sohnes die Welt mit sich versöhnt und den Heiligen Geist gesandt zur Vergebung der Sünden. Durch den Dienst der Kirche schenke er dir Versöhnung und Frieden. Und so spreche ich dich los von deinen Sünden im Namen des Vaters und des Sohnes und des Heiligen Geistes ...*

Seit Jahren suchen wir in unserer Kirche nach neuen Formen, diesem doch so lebenswendenden Moment der Versöhnung eine neue Gestalt zu geben. Mich hat eine Erfahrung in den Philippinen sehr berührt. Es ist das »Sakrament der Heimkehr«. Im Hintergrund steht die vielen bekannte Geschichte aus dem Evangelium: Der jüngere Sohn verlässt seinen Vater, nachdem er das Erbe zugeteilt bekommen hat. Nachdem er alles Geld verprasst hat, sich selbst und was sein Leben ausmachte verloren hat, denkt er in der dunkelsten Stunde seines Lebens an seinen Vater – und macht sich auf den Weg der Rückkehr, um seinen Vater um Verzeihung zu bitten. Aber was passiert? Der Vater läuft ihm entgegen, nimmt ihn in den Arm und freut sich einfach nur über seine Heimkehr ...

Diese Heimkehr zu feiern, darum geht es bei dieser neuen und sehr tiefen Feier, an der ich einige Male teilhaben konnte. In einem ersten Schritt wird das Evangelium verkündet, und der Priester erzählt von seiner eigenen Umkehrerfahrung. Er führt in die Feier ein und bittet am Ende um den Segen aller Beteiligten: *Segnet mich, damit ich dann in der Feier euch den Segen der Vergebung zusprechen kann ...*

Dann beginnt die Feier. Sie ist sehr einfach. In einem großen Raum werden Stühle in verschiedener Weise verkantet aufgestellt. An jeder dieser (vier) Stationen ist Gelegenheit, gemeinsam Situationen in den Blick zu nehmen, an denen Beziehungen im Leben zerstört und zerbrochen sind. Nachdem die Gruppe diese Stationen durchwandert hat, hat nun jeder und jede Einzelne die Gelegenheit, sich zu einer Station zu setzen, in der er oder sie existenziell diese Zerbrochenheit am meisten verspürt. Es ist eine Zeit tiefer Stille. Dann kommt der Priester vorbei, kniet sich vor die Person, richtet sie auf, spricht die Worte der Versöhnung und nimmt sie in den Arm.

Ich erinnere mich, dass ich bei Besinnungstagen mit philippinischen Priestern diese Liturgie erlebte. Am Ende dieser Feier wurde das Ende dieses Evangeliums gelesen, das so beginnt: *... Bringt das Mastkalb her und schlachtet es; wir wollen essen und fröhlich sein. Denn mein Sohn war tot und lebt wieder; er war verloren und ist wiedergefunden worden. Und sie begannen, ein fröhliches Fest zu feiern ...* In dem Moment ging das Licht in diesem Saal an, und ein gebratenes Schwein wurde durch den Saal getragen. Musik ertönte und lud alle in den Garten zu einem großen Fest ein. Das hat mich sehr beeindruckt.

Ein Versuch einer Ablasserklärung

Zur Erinnerung: Es war der Streit um die Ablasspraxis, der zur Kirchenspaltung der Katholiken führte. Wir brauchen uns über die damaligen Katastrophen nicht im Einzelnen auszubreiten – die eigentliche Frage bleibt: Was ist damit gemeint? Damit wurde ich konfrontiert, als ich in Rom vor einigen Jahren mit einer Gruppe protestantischer und katholischer Kolleginnen und Kollegen unterwegs war. Wir besuchten die großen Kirchen in Rom und landeten auch immer wieder vor den Heiligen Pforten: Das sind Türen in den großen Basiliken St. Pietro, Maria Maggiore, San Giovanni in Laterano und San Paolo fuori le mura, die nur dann feierlich geöffnet werden, wenn »Heilige Jahre« (zuletzt 2016 im Jahr der Barmherzigkeit) gefeiert werden. Und dann geht es hier darum, dass Gläubige, die gebeichtet haben, durch diese Pforte gehen können, um einen Ablass zu gewinnen.

Das war und ist erklärungsbedürftig und eben typisch katholisch. Ich habe es versucht und möchte es hier in der gebotenen Kürze auch tun. Zuerst und vor allem: Es ist schon genial, einen solchen Gedanken mit dem Durchschreiten einer Pforte zu verbinden. Dieses Überschreiten einer Schwelle macht immer deutlich, dass etwas Neues beginnt. Und da wir Katholiken ja immer auch um die Kraft der Symbolhandlungen wissen und sie so ausufernd praktizieren, ist der Gedanke einer Heiligen Pforte, die man mit Gebeten durchschreitet, einfach brillant.

Aber der Ablass? Was könnte gemeint sein? Eine einfache Überlegung kann da helfen, ohne in spezifische Abgründe theologischer Feinarbeit zu versinken. Wir wissen alle, dass Versöhnung ein wichtiges Geschehen in unserem Leben ist. Aber auch dann, wenn wir zutiefst wissen, dass Gott uns alle Sünde vergeben hat, dann bleibt doch die Geschichte dieser Sünde, die Geschichte unserer Schuld, in unserem Leben eingeschrieben. Sie zeichnet uns, sie prägt uns, viel mehr, als wir das wollen. Und wir haben Situationen in unserem Leben erlebt, wo wir – aufgrund unserer Geschichte und trotz allen Wissens um Gottes Liebe – unser Leid darüber herausschreien, dass wir aufgrund dieser Geschichte gar nicht neu anfangen können. Das betrifft erst mal nur uns allein – aber eben nicht nur. Unser Tun und Fehler wirken sich auch auf andere aus. Und das Tun anderer hat sich an uns ausgewirkt und wirkt nach.

Wenn uns die Sünde vergeben ist, wenn wir neu anfangen können – ist dann auch all das eingeschlossen, was sich gewissermaßen als Wirkungsgeschichte im Leben anderer durch unser Handeln oder des Handelns anderer ergibt? Können wir das glauben, dass auch diese Folgen unseres Handelns geheilt und aufgehoben sind in der Liebe Gottes? Ich denke, dies ist die Frage nach dem Ablass. Können wir – wie wir Kirchler sagen – auch die »zeitlichen Sündenstrafen« (was für ein merkwürdiges Wort), also die Wirkungsgeschichte unseres Handelns hineingenommen wissen in die universale Vergebung und Versöhnung Gottes? Die Lehre vom Ablass will – in all ihrer komplexen Unverständlichkeit – hier eine einfache Antwort geben. Und die heißt »Ja«.

Und im Symbol des Durchschreitens einer Tür, einer Praxis vertrauensvollen Betens und Beichtens dürfen wir voller Hoffnung glauben und wissen, dass es diesen echten Anfang des Lebens auch für uns gibt.

Das kann alles die merkwürdige Praxis der Vergangenheit nicht auflösen. Es war katastrophal und überhaupt nicht rechtfertigbar, was im Mittelalter zuweilen daraus geworden ist: ein Finanzierungsgeschäft, das suggerierte, mit einer Spende könnte man in den Himmel kommen. Was für eine Verzerrung. Ich denke aber, dass dieser Missbrauch nicht überdecken sollte, dass es doch einen mindestens nachvollziehbaren Gedankengang geben könnte, der es möglich macht, die Logik zu verstehen, die hinter dieser Überlegung steckt.

8. Die Gemeinschaft der Heiligen

Aber auch diese Wirklichkeit des geschenkten Neuanfangs ist – für uns Katholiken – eine gemeinschaftliche Wirklichkeit. Denn dann, wenn wir mit Christus leben, wenn er uns – in der Feier des Mahles – immer wieder verbindet und eint, dann ist diese Wirklichkeit der Gemeinschaft eine, die alle Grenzen übersteigt. Wir hatten ja schon gesagt, dass die Erfahrung einer Gemeinschaft über alle Völker hinweg, über alle Schichten und Gruppen hinweg eine neue Wirklichkeit des Volkes Gottes hervorbringt. Und dies gilt auch durch die Zeiten: Für Gott und in seiner Wirklichkeit gibt es keinen Tod – für ihn sind alle lebendig. Was wir als unüberwindliche Grenze erfahren, die Grenze des Todes, ist in der Dimension Gottes eine einzige Wirklichkeit: Das Leben in der Beziehung mit ihm verknüpft auch alle, die von seiner Liebe ergriffen wurden. Was wir weiter oben als »Berufung zur Heiligkeit« bezeichnet haben, reicht über alle Menschengenerationen hinaus. Und deswegen – so ist auch die Erfahrung vieler Christen – können wir füreinander einstehen, füreinander beten, uns füreinander geben – auch für die Gestorbenen. Und natürlich umgekehrt. Es gibt also eine geheimnisvolle Gemeinschaft der Beziehung unter allen, die als Christen gelebt haben. Sie ist nicht sichtbar, aber nicht weniger real – so real, wie wir Gott glauben.

In diesem Zusammenhang ist es also auch möglich, dass wir das Miteinander und Füreinander auch über die Generationen hinweg leben. Deswegen beten Christen für ihre Toten, treten für sie stellvertretend ein – und deswegen können wir auch Heilige ansprechen im Gebet und sie um ihre Fürbitte bitten.

Damit ist nicht irgendeine Zauberei beschrieben, sondern eben jene tiefe Wahrheit des Lebens bei Gott, wie wir sie empfinden. Und je mehr wir selbst in dieser Wirklichkeit leben (und das nennt man ja glauben: in eine andere Wirklichkeit eintreten und sie als wahr erfahren), bewegen wir uns mit den Lebenden und Toten, den Brüdern und Schwestern aller Zeiten, beten für sie, sie für uns, treten füreinander ein ...

Gibt es Fegefeuer, Himmel und Hölle?

Aber damit treten wir in jene Dimension ein, für die es eigentlich keine Worte gibt. Die katholische Kirche nennt dieses Kapitel des Nachdenkens *Eschatologie*: die *Lehre von den letzten Dingen*. Denn ja, das Leben endet nicht im Nichts, das Leben endet in Gott, in seiner Liebe, in seiner Gegenwart. Immer.

Immer? Die christliche Bilderwelt hat zuweilen den Himmel verkitscht, hat aber zugleich auch immer wieder die Hölle in schrecklichen Bildern ausgemalt. Und – ich habe es selbst nicht erlebt bisher – es soll sehr drohende und schreckliche Höllenpredigten gegeben haben. So wollte man Christen anderer Generationen zu einem treuen Christenleben einladen.

Tatsache ist, dass es die katholische Kirche immer abgelehnt hat, deutlich zu sagen, dass jemand in die Hölle kommt. Umgekehrt ist sie deutlicher: Mindestens von Maria wagt sie zu sagen, dass sie in den Himmel aufgenommen ist, weil sie so ganz von Gott durchdrungen ist. Und die Kirche wagt es auch, diesen Himmel für die Heiligen anzunehmen. Das scheint mir auch ganz vernünftig – denn der Himmel, das ist ja der Ort der erfüllten Begegnung mit Gott, und darauf haben ja jene gesetzt, die schon in ihrem Leben von der Erfahrung mit Christus erfüllt gelebt haben. Allerdings: Immer dann, wenn in der Geschichte der Kirche kluge Theologen sagten, es kämen alle in den Himmel, dann hat die Gemeinschaft der Gläubigen auch diese Aussage verurteilt.

Im Letzten bleibt nämlich ein Nicht-Wissen: Wir können nicht beurteilen, wie Gott in seiner Liebe und Barmherzigkeit das Leben des Menschen in sein ewiges Leben hineinführt. Das bleibt Gottes Tun und seiner souveränen Liebe überlassen.

In der Perspektive einer Erfahrung mit dem Gott der Liebe, der immer und immer nur Beziehung mit seinem Geschöpf sucht und alle zu seinen Söhnen und Töchtern machen will, lässt sich nun aber sehr gut das Universum des Jenseits beschreiben. Ganz anders als eine Logik von oben (Himmel) und unten (Hölle), ganz anders als eine Logik unterschiedlicher Räume, kann man hier ja von einer Logik der Beziehung zu Gott her denken.

Was bedeutet das genau? Meine Kirche spricht in machtvollen Bildern von Gericht, Fegefeuer, Himmel und Hölle, aber jedes dieser Bilder drückt eigentlich eine bestimmte Beziehungswirklichkeit zu Gott aus – und da scheinen mir dir Worte doch ganz passend.

Wenn wir von *Gericht* sprechen, dann ist eine ganz bestimmte Begegnung mit Gott gemeint. Wenn unser Leben vollendet ist, wenn wir tot sind, dann werden wir mit unserem ganzen Leben bei Gott sein. Und wenn der Tod in die Begegnung mit ihm führt, dann stehen wir da mit unserem Leben: mit dem, was gelungen ist – und mit dem, was nicht Liebe war, was falsch und trennend ist. Gericht meint nichts anderes als die Begegnung mit der Liebe selbst, einem Licht, in dem alles erhellt wird, zum Vorschein kommt. Gericht meint also nichts anderes als das Offenbarwerden von Liebe und Nichtliebe im Angesicht der Liebe.

Und in diesem Licht wird auch das Negative schmerzlich bewusst – aber in diesem Licht und in dieser Liebe kann auch alles, was Nichtliebe ist, geheilt werden. Das nennt meine Tradition *Fegefeuer – reinigendes Feuer*: Ich finde, das ist eine sehr gute Beschreibung dafür, dass ein Mensch, der doch eigentlich nach der Liebe sucht, nun dieser absoluten Liebe begegnet, sich unendlich geliebt weiß, und zugleich sieht, dass er selbst der Liebe, die ihn liebt, nicht entsprechen konnte: Schmerz und Scham und Enttäuschung über sich selbst sind da, und zugleich aber die Freude, geliebt zu sein. Und es ist auch ein Heilungsprozess, denn diese absolute Liebe durchdringt alle Finsternis und schmilzt sie in Licht um. Das mag wehtun, unendlich weh sogar – aber es ist die Perspektive der Reinigung und Erneuerung. Jeder und jede von uns kann dies in Vorformen in jeder menschlichen Begegnung der Liebe, aber auch in der Verbundenheit mit Gott erfahren.

Die christliche Tradition hat dann versucht, diese Zeit der Reinigung näher zu präzisieren, in zeitliche Konkretion zu bringen – immer im Wissen darum, dass dies nur eine bescheidene und allzu menschliche Weise ist, die Macht dieser Begegnung und die Tiefe des Schmerzes zu beschreiben. Aber wahr daran ist, dass es diesen Augenblick der Begegnung gibt, der in der Liebe, die Gott zu mir hat, zu unendlichem Schmerz bei mir führen kann, im Wissen darum, dass alles vergeben wird.

Und diese Reinigung im Augenblick der Begegnung schenkt den Himmel, der ja dann nichts anderes ist als die wirkliche erfüllende, beseligende Begegnung mit der Wirklichkeit der Liebe. Es ist nicht die Langweile des *Münchners im Himmel*, der stur sein Halleluja singt und lieber das richtige Leben will. Es ist Fülle der Begegnung.

Wie Hölle dann das Nichts der Begegnung ist. Denn diese Möglichkeit muss offen sein, weil der Mensch frei ist. Es kann ja sein, dass das Schrecklichste passiert, was kaum ausdenkbar ist, aber wahr sein könnte. Dem Menschen steht ja offen, eine Beziehung zuzulassen, eine Liebe anzunehmen oder sich ihr zu verweigern. Meine katholische Tradition rechnet damit, dass Gott in seiner Liebe nicht über die fürchterliche Freiheit eines Menschen springt, der sich nicht lieben lassen will.

Der Himmel (oder die Hölle) ist ein Haus, das auf Erden gebaut wird und im Himmel bewohnt wird. Dieses Sprichwort – von wem ich es auch immer gehört habe – trifft es ganz gut. Es kann ja sein, dass ich in meinem Leben keine Liebe annehmen will, keine Liebe geben will – und deswegen ganz hart und verschlossen bei Gott ankomme. Die Rede von der Hölle wagt darüber nachzudenken, dass es dann so bleiben könnte, auch wenn sie hofft, dass Gott auch diesen Panzer durchdringen kann.

Das hieße im Extremfall aber: Auch die Menschen, die in der Hölle sind, leben in der Gegenwart Gottes, in der Gegenwart der größten Liebe – aber sie können und wollen sich ihr nicht öffnen. Sie leben durch die Liebe, aber in der Nichtliebe – und das ist die größte anzunehmende menschliche Katastrophe.

9. Fronleichnam, Prozessionen und Wallfahrten

Die großen katholischen Themen sind wir durchwandert. Ein spannender (und langer) Weg liegt hinter uns. Aber am Wegesrand finden sich auch noch viele kleinere katholische Eigenheiten – »Spezialitäten« –, die vor allem eines deutlich machen: Noch mehr als eine gedankliche Reflexion ist »Katholisch-Sein« eine Praxis, ein Handeln, ein Vollzug. Hier kann ich nur einen kleinen Einblick geben und vielleicht einen kleinen Vorgeschmack bieten. Denn der gesamte Kosmos katholischen Lebens reicht noch überraschend viel weiter ...

Katholische Kirche ist nicht nur »in der Kirche« – ganz im Gegenteil. Wir sind ein wanderndes Volk. Und dies ist nicht nur theologisch so. Die biblische Tradition erzählt von Gottes Volk, das auf dem Weg ist – auf dem Weg zur endgültigen Gemeinschaft mit Gott. Aber wie machen wir das konkret?

Es war im Mittelalter, als viele Menschen die Messen und Gottesdienste nicht mitvollziehen konnten. Die Messe war in lateinischer Sprache und eigentlich etwas, was nur Priester vollzogen. Das Volk stand still dabei. Und nur sehr selten wurde die Kommunion ausgeteilt. Für die meisten Christen war Jesus, der sich doch im Brot zutiefst den Menschen schenkte, wie unerreichbar – und die einzige Kommunion mit ihm bestand darin, das geweihte Brot anzuschauen, wenn es in der Messe erhoben wurde.

Da hatte eine Frau, Juliane von Lüttich, eine Vision: Könnte nicht die geweihte Hostie durch die Straßen der Stadt getragen werden, so dass sie alle Mitchristen sehen und so die tiefe Gemeinschaft zwischen Gott und den Menschen inmitten der Städte sich sichtbar ereignen könnte. Das war die Geburtsstunde des Fronleichnamsfestes – ein Fest des Sehens der Eucharistie für alle.

Auf diese Weise holte sich das Volk das Geheimnis der Eucharistie zurück: Es wurde Sache des Volkes, nicht mehr nur der Priester. Ein wenig subversiv ist das schon. Und die Resonanz ist bis heute sehr hoch: Viele Menschen ziehen in einer oft sehr geordneten Prozession mit dem heiligen Brot, das in einer goldenen »Monstranz« (einem Tragegerät) getragen und mit einem tragbaren »Zelt« geschützt wird, durch die Straßen der Stadt oder des Dorfes. Es wird gesungen und gebetet – oft über mehrere Stunden. Und immer geht es darum, dass die Gegenwart Gottes mitten im Leben gefeiert und gepriesen wird.

Das geschieht auch zu anderen Gelegenheiten. Katholiken auf dem Land machen »Flurprozessionen«, ziehen betend durch die Felder, um für gutes Wetter und eine gute Ernte zu beten. Und in vielen Ländern gibt es Prozessionen mit Heiligenstatuen und Marienfiguren. Solche Prozessionen muten oft sehr folkloristisch und fast kindlich an, aber sie sind verknüpft mit einem tiefen katholischen Selbstverständnis, das mit allen Sinnen feiert und zugleich deutlich machen will, dass der Glaube mitten ins Leben gehört, mitten in die jeweilige Kultur, in das Leben der Menschen.

Dazu gehört auch eine ausgeprägte Wallfahrtsfrömmigkeit. Wallfahren ist ja Symbol für den eigenen Weg, den wir im Glauben gehen. Und so sind Wallfahrten zu heiligen Orten, nach Kevelaer oder nach Altötting, nach Lourdes, nach Fatima, nach Rom, nach Santiago oder nach Jerusalem nicht zuerst touristische Ereignisse. Wie oft habe ich das selbst erlebt und vielleicht kennen das auch viele Leser aus eigener Erfahrung. Sich auf den Weg machen, seinen eigenen Weg auf Gott und die Heiligen lenken, das bewirkt und bewegt vieles im Herzen. Menschen – und nicht nur Katholiken – können erfahren, wie sich auf dem Weg, beim

Wandern, beim Sich-Anstrengen und Leiden, und schließlich beim Gebet am Ziel viel innerlich ereignet, was heilsam ist. Es ist darüber hinaus immer eine Erfahrung der Gemeinschaft, einer Weggemeinschaft.

Man kann es sich kaum vorstellen: In den vergangenen Jahren gewinnt das Pilgern immer mehr an Kraft. Und zu einem kleinen Ort wie etwa Kevelaer an der niederländischen Grenze kommen jedes Jahr etwa eine Million Menschen – um was zu tun? Hier hatte 1641 ein Kaufmann auf ein inneres Erlebnis hin eine Kapelle gebaut, die dann mit einem Marienbild ausgestattet wurde – und die Resonanz war sofort sehr hoch. Seitdem pilgern unzählige Menschen und Gruppen nach Kevelaer, zum Gebet, zum Lobpreis Gottes. Das kleine Marienbild ist da – und ist doch offensichtlich oft der Anlass für den Weg, den viele Menschen gehen wollen – einen Weg innerer Erneuerung und Bewegung.

Bei meinem ersten Besuch in Mexico-City kam ich zum Wallfahrtsort der »Madonna von Guadalupe«, zu der jedes Jahr mehr als sieben Millionen Menschen pilgern – ein wenig später erzählte mir ein Freund aus Belem, dass in dieser nordbrasilianischen Stadt jedes Jahr die Prozession der Mutter Gottes über zwei Millionen Menschen anzieht.

Das alles ist Volksfrömmigkeit – ein wichtiges Element des katholischen Glaubens. Es ist eine sehr inkulturierte Gläubigkeit, die von den Menschen selbst ausgeht. Sie bringt oft einen sehr tiefen Glauben zum Ausdruck. Das Spannende an dieser Frömmigkeit des Volkes ist ja eben auch, dass sich hier Menschen ihren Glauben zu eigen machen, in ihre Kultur hineinpflanzen. Vielleicht wird das in Deutschland nirgends so deutlich wie bei den großen kirchlichen Festen: Wer einmal Weihnachten in einem anderen kulturellen Kontext gefeiert hat, dem wird das sofort klar.

Was in unserem europäischen Kulturkreis gewachsen ist, das hat ja direkt mit dem Fest der Geburt Jesu Christi nichts zu tun: Die Tradition des Schenkens, der Weihnachtsbaum, die Lichterketten, das Fest in der Familie – das alles ist so tief verknüpft mit den kulturellen Erfahrungen unserer Region, mit dem Winter, der Kälte und der Dunkelheit.

In diesem Zusammenhang sind einige katholische Traditionen zu benennen, die sich mit hoher Resonanz in unserem Kulturkreis durchgesetzt haben. Und diese Traditionen haben etwas mit der typischen Sinnlichkeit katholischen Glaubens zu tun.

Es war im Jahr 1223, zu Lebzeiten des Franziskus von Assisi. Es ist Weihnachten, und Franziskus von Assisi ist mit seiner Gemeinschaft in einem kleinen umbrischen Ort, in Greccio. Um dieses Fest Weihnachten sinnenfällig zu feiern, hat Franziskus dort zum ersten Mal eine lebendige Krippe aufgebaut. Natürlich gab es – im Blick auf die biblischen Berichte – immer schon Bilder von der Geburt Jesu. Aber das Darstellen einer Krippe, ja eine lebendige Krippe mit echten Ochsen und Eseln, und einem Jesuskind – das war neu. Und hat sich sofort durchgesetzt. Die vielen Krippen, ja Krippenlandschaften, die sich in Kirchen, aber auch in vielen Häusern finden, sind ein Echo auf diesen Wunsch, Weihnachten erlebbar, berührbar zu machen.

In diesem Kontext kann auch kurz verwiesen werden auf das Dreikönigssingen. Es ist schon eine alte Tradition, dass am Fest der Heiligen Drei Könige (am 6. Januar) ein solches Singen für Spenden stattfindet. Aber erst seit dem 2. Weltkrieg gibt es die ständig wachsende Aktion des »Sternsingens«, bei der jedes Jahr unendlich viele Kinder von Tür zu Tür gehen, singen, das Haus segnen und dabei für ein bestimmtes Hilfsprojekt sammeln. Für mich ist diese Aktion eines der schönsten Beispiele für eine neue Form der Volksfrömmigkeit. Man kann eine solche Frömmigkeit nicht »machen«, sie lebt von der Resonanz der Menschen. Offensichtlich trifft diese Aktion das Gespür und die Sehnsucht der Menschen in der Weihnachtszeit. Der Wunsch, gesegnet zu werden, der Wunsch zu teilen – der bricht sich hier Bahn.

10. Von Karneval und Aschenkreuz, vom Fasten bis Ostern

Ich bin katholisch, na klar, und trotzdem ist mir der rheinische Katholizismus mit seinen konstitutiven Karnevalstraditionen lange fremd geblieben. Hat Karneval etwas mit dem christlichen Glauben, mit dem rheinischen Katholizismus zu tun? Oder behauptet man das nur? Denn irgendwie schon, weil man ja singt: »Am Aschermittwoch ist alles vorbei ...«

Ich habe – wie gesagt – ein wenig Zeit gebraucht und denke heute: Der Kölner Karneval ist ein wesentliches Element, um »katholisch« zu verstehen. Wie kam dieser Wandel in mir? Im Rahmen einer Tagung war ich in Köln. Und es gab einen »Kölschen Kulturabend«, bei dem uns die Karnevalslieder vorgestellt wurden – und wir konnten mitsingen. Dabei erfuhr ich meine »Einführung« in die Welt des Rheinischen Katholizismus. Es sind Lieder von einer großen Menschlichkeit und einer tiefen und sehr inkulturierten Christlichkeit. Ich war beeindruckt über die Weltsicht und Einfachheit – und habe gedacht: Genau darum geht es im Katholischen ja immer wieder, wirklich eingebunden zu sein in Leben und Kultur ...
Ich kann also nur den christlichen Glauben verkünden, wenn ich mich ganz eingelassen habe auf die Kultur der Zeit, auf die Menschen und *allen alles* geworden bin, wie Paulus gesagt hat. Ich habe mein Exposure in den fremden katholischen Welten auch weiter fortgesetzt und meine Erfahrung vertieft, als ich dann bei einer Prunksitzung der »Großen Kölner« aus dieser Perspektive hinsah.

Ja, denn Karneval drückt Sinnlichkeit und Kraft des Feierns aus – und es steht vor dem Aschermittwoch, der in unserer Kirche als

Auftakt einer Zeit der Umkehr und Erneuerung begangen wird. Das Leben alljährlich neu auf Christus auszurichten und dafür eine Zeit zu nehmen, das gehört zum Zentrum des Katholischen. Der Auftakt dieser Zeit, der Aschermittwoch, ist mit einer liturgischen Zeichenhandlung kräftig zum Ausdruck gebracht. Im Laufe der Liturgie, nach den Worten aus der Schrift und der Predigt, kommen alle Teilnehmenden nach vorne, an den Altar, und empfangen ein Aschenkreuz. Die Asche entsteht aus dem Verbrennen der Palmzweige, die im Jahr zuvor am Palmsonntag benutzt wurden, um den Einzug Jesu in Jerusalem zu gestalten. Die verbrannte Asche wird gesegnet und auf die Stirn oder auf den Kopf des Christen in Kreuzesform gelegt. Und dazu wird ein deutendes Wort gesagt: *Gedenke, Mensch, du bist Staub und kehrst zum Staub zurück* – dieser »Zuspruch« will an unsere Sterblichkeit erinnern und damit die Ernsthaftigkeit des irdischen Lebens in den Vordergrund rücken. *Kehr um – und glaube an das Evangelium*, das ist der zweite Zuspruch, der diese Geste deuten kann. Es fokussiert die Perspektive dieser Zeit, in der es ja darum geht, neu in die das Christsein gründende Beziehung mit Jesus Christus zu treten.

Die katholische Kirche verdichtet diese Zeit mit einer Praxis des »Fastens, Betens und Almosengebens« (Spenden für Arme). All das ist nichts Äußerliches und hat einen Sinn in sich. Es geht immer und immer wieder um das Neufinden der Beziehung mit Jesus Christus und Gott, dem Vater. Fasten ist also mehr als Diät; es ist der leibliche Ausdruck einer Spiritualität, die tiefer zu Gott möchte. Beten will zu einer neuen vertieften Praxis des Gebets führen – und das Almosengeben verdichtet den Zusammenhang zwischen Gottesbeziehung und Gerechtigkeit gegenüber den Armen. Darauf weisen ja schon die alttestamentlichen Propheten hin: Es kann keine echte Gottesbeziehung geben ohne Gerechtigkeit für die Armen.

Aller Verzicht, alles Umsteuern dient also dem Wiederfinden der eigenen christlichen Identität, und deswegen verwundert es auch nicht, dass auch das Thema Versöhnung und Beichte in der Fastenzeit neu Gewicht bekommt.

11. Die Vielfalt des Segens

Häuser werden gesegnet, Tiere werden gesegnet, Autos und Flugzeuge. Es gibt ein eigenes liturgisches Buch für Segensfeiern: Kerzen und religiöse Gegenstände, Wasserreinigungsanlagen, Banken, Bibliotheken, Seilbahnen, Brücken und Berghütten, eigentlich jegliches Ding kann gesegnet werden.

Es geht dabei aber nicht um die Dinge selbst, die durch einen Segen gewissermaßen magisch aufgeladen werden. Es geht immer um die Menschen. Das *Benedictionale*, das offizielle liturgische Segensbuch, formuliert: *Der Mensch ist segensbedürftig. Er verlangt nach Heil, Schutz, Glück und Erfüllung seines Lebens.* Darum sprechen sich Menschen gegenseitig Segen zu. Sie wünschen sich Gutes. Vor allem erhoffen und erbitten sie Segen von Gott. Und deswegen geht es eben bei der Segnung von Gegenständen, Häusern und Autos nicht um die Dinge selbst, sondern um die Menschen, die diese Dinge gebrauchen. Sie sollen unter den Segen Gottes gestellt werden.

Vielleicht ist die bekannteste Segnung ja die Segnung der Ringe bei der Hochzeit. Dort beten wir in unserer Liturgie:

Herr und Gott,
du bist menschlichen Augen verborgen,
aber dennoch in unserer Welt zugegen.
Wir danken dir, dass du uns deine Nähe schenkst,
wo Menschen einander lieben.
Segne diese Ringe, segne diese Brautleute,
die sie als Zeichen ihrer Liebe und Treue tragen werden.
Lass in ihrer Gemeinschaft deine verborgene Gegenwart unter uns sichtbar werden.
Darum bitten wir durch Christus unseren Herrn.

In großer Einfachheit wird hier deutlich, dass die Segnung der Ringe eigentlich die beiden meint, die sie tragen werden. Sie sollen unter dem Schutz Gottes stehen – und diese Ringe symbolisieren eine Liebe, die von Gott mitgetragen wird und seine Gegenwart bezeugen kann – denn er ist da, wo Liebe ist.

In den letzten Jahren sind Segensgottesdienste an Wendepunkten des Lebens zu einem absoluten Renner geworden. Ich denke besonders an die vielen Einschulungsgottesdienste, die oft voller sind als Weihnachtsgottesdienste. Die ganze Familie kommt zu diesem Auftakt eines wichtigen Lebensabschnittes. Oft fragt man sich dann, worum es eigentlich bei diesem Gottesdienst geht. Und das ist ganz einfach: Es geht um Segen – es geht darum, dass Eltern und Kinder spüren, dass Gott an ihrer Seite steht. Und dies lässt sich kaum einfacher ausdrücken als durch einen Segen, bei dem den Kindern mit einem Wort des Zuspruchs die Hände aufgelegt werden – möglichst in Stille. Wir haben in diesen Gottesdiensten ganz oft nichts anderes getan, als nach einigen Liedern und einem Text aus der Schrift die Kinder gebeten, sich segnen zu lassen. Oft herrschte bei diesen Segnungen eine tiefe Stille, eine echte Sammlung.

Aber das ist nicht nur bei den Kindern so. Ich erinnere mich sehr lebendig an einen Gottesdienst für »Erstis«: Studentinnen und Studenten am Beginn ihres Studiums. In der ökumenischen Vorbereitungsgruppe überlegten wir lange, wie wir diesen Gottesdienst gestalten könnten. Ich schlug vor, ob wir nicht eine Einzelsegnung für jeden Teilnehmer machen könnten. Und so teilte sich unsere Gruppe von zehn Vorbereitern – segnen können alle Menschen – in der großen Basilika von Hildesheim auf. Wir stellten uns an die Säulen und luden zur Segnung ein. In der Kirche waren an diesem ersten Studientag bestimmt weit über 500 Personen, und sehr viele ließen sich gerne segnen. Zu spüren, dass Gott mit auf meinem Weg ist – darum geht es immer und jedes Mal.

NACHKLANG

Katholisch als Provisorium dieser Zeit

Und katholisch ist noch mehr. Und immer sinnenhaft. Ein ganzer Kosmos, den man entdecken und in den man sich hineinverlieben kann. Viele äußere Zeichen sind da. Wir verwenden Weihrauch, um zum Ausdruck zu bringen, wie und wo wir Gott verehren. Wer in einer Messe erlebt hat, wie der Altar, die Osterkerze, die Gaben von Brot und Wein, der Vorsteher und das ganze Volk beweihräuchert wurden, der fragt sich vielleicht, warum das so ist. Und die Antwort ist einfach: Der Weihrauch verweist auf die Gegenwart des Geistes Gottes und unterstreicht sinnenhaft, was man übersehen könnte. Und doch ist der Weihrauch auch darüber hinaus ein Symbol für die Verbindung unserer Gebete zum Himmel, die wie Weihrauch zu Gott aufsteigen.

Wir verwenden gesegnetes Wasser (Weihwasser), um uns am Eingang der Kirche zu bekreuzigen, und erinnern uns so der eigenen Taufe. Und in der Osterzeit besprengt der Priester zu Beginn des Gottesdienstes alle Mitfeiernden mit Wasser – immer um zu verdeutlichen und erfahrbar zu machen, dass wir getauft sind.

Wir knien in den intensiven Momenten der Liturgie im Gebet, um deutlich zu machen, wie sehr wir den großen Gott, der uns hier gegenwärtig ist, verehren. Und normalerweise stehen wir, wenn wir beten – weil dies deutlich macht, dass wir ernsthaft glauben, dass wir vor ihm, in seiner Gegenwart, versammelt sind. Deswegen stehen wir eigentlich den größten Teil des Gottesdienstes ... Und nur dann sitzen wir, wenn Lesungen verkündet werden oder eine Predigt gehalten wird.

Katholisch ist also immer darum bemüht, mit dem Leib und allen möglichen sinnlichen Dingen zum Ausdruck zu bringen, was doch unsichtbar ist: Gott und unsere Beziehung zu ihm, die wir feiern, ihm danken, ihn preisen und bitten. Deswegen ist es gar nicht verwunderlich, wenn in anderen Kulturen in Gottesdiensten getanzt wird, wenn meditative Formen anderer Religionen in diese unsere Gottesverehrung aufgenommen werden. Wesentlich geht es immer um unsere menschlichen Ausdrucksweisen, mit Gott eins zu werden.

Darum geht es – und deswegen ist Katholizismus auch provisorisch, immer in Entwicklung durch die Zeiten und Kulturräume hindurch. Und vor allem endlich. Denn wir erwarten ja Gottes Ankunft, wir sehnen uns mit allen Christen danach, dass Gottes Reich endgültig anbricht. Dann – das wissen wir – kommen wir nicht in einen katholischen Himmel, sondern in den wirklich umfassenden Himmel Gottes. Dann braucht es diese Zeichen alle nicht mehr, und auch nicht die Kirche – weil wir alle bei Gott angekommen sind.

Aber bis dahin bin ich leidenschaftlich katholisch. Und vielleicht konnte ich ja diese Leidenschaft ein wenig verständlich und plausibel machen.

LITERATUREMPFEHLUNGEN

Katechismus der Katholischen Kirche, Leipzig 2007.
Wer sich umfassend informieren will, bekommt hier das »Ganze« des katholischen Glaubens in offizieller und vollständiger Weise präsentiert.

Youcat Deutsch. Der Jugendkatechismus der Katholischen Kirche, Regensburg 2011.
In jugendlichem Gewand hier der Versuch, den Katechismus der Kirche zugänglicher und verständlicher zu machen.

Katholischer Erwachsenenkatechismus – Das Glaubensbekenntnis der Kirche, Kevelaer 1989.
Eine Glaubensinformation, die die deutschen Bischöfe erstellt und herausgegeben haben.

Ludwig Waldmüller: Heilige Messe – Kleiner Leitfaden Liturgie, Leipzig 2013.
Zur Vertiefung des Verstehens der Messe.

Adolf Adam/Winfried Haunerland: Grundriss Liturgie, Freiburg 2014.
Ein Klassiker zum Verstehen der katholischen Liturgie.

Rupert Berger, Pastoralliturgisches Handlexikon, Freiburg 2013.
Ein systematischer Überblick über die Messe und den Reichtum katholischer Liturgie.

Navid Kermani, Ungläubiges Staunen – Über das Christentum, München 2016.
Ein spannender Außenblick auf die Bildwelt des Christentums.

Joseph Ratzinger, Einführung in das Christentum, München 2000.
Eine spannende Einführung aus der Sicht eines der wichtigsten katholischen Theologen und Denkers der Gegenwart.

Thomas Söding, Umkehr der Kirche: Wegweiser im Neuen Testament, Freiburg 2014.
Einer der bekanntesten katholischen Bibelforscher schaltet sich in aktuelle Diskussionen ein.

Thomas Söding, Jesus und die Kirche, Freiburg 2007.

Gisbert Greshake, Maria ist die Kirche. Aktuelle Herausforderung eines alten Themas, Mainz 2016.
Greshake ist ein Spezialist zum Thema – es gibt nicht so viele zugängliche Bücher über Maria.

John Triglio/Kenneth Brighenti, Katholisch für Dummies, Weinheim 2013.
In sehr einfacher und humorvoller Weise ... der Katholizismus.

Stefan von Kempis (Hg.), Ein Buch wie Feuer! Die Bibel lesen und leben, Stuttgart 2016.
Der Herausgeber führt in die Weise ein, wie Papst Franziskus die Bibel liest und nahebringt.

Welt und Umwelt der Bibel, Petrus und Paulus und die Päpste: Geschichte und Bedeutung des Papsttums, Stuttgart 2006.
Diese Zeitschrift reflektiert ausführlich den christlichen und katholischen Glauben und ist auch sehr empfehlenswert für eine tiefere Beschäftigung mit Glaubensinhalten.

Bibliografische Information der Deutschen Nationalbibliothek

Die Deutsche Nationalbibliothek verzeichnet diese Publikation in der Deutschen Nationalbibliografie; detaillierte bibliografische Daten sind im Internet über https://portal.dnb.de abrufbar.

FSC
www.fsc.org
MIX
Papier aus verantwortungsvollen Quellen
FSC® C083411

Verlagsgruppe Random House FSC® N001967

1. Auflage

Umschlagmotiv: © Jiri Hera – Fotolia.com
Druck und Bindung: CPI books GmbH, Leck
Printed in Germany
ISBN 978-3-579-08539-5

www.gtvh.de